BESTSELLER

César Arístides (Ciudad de México, 1967) es autor de los libros de poesía *Labios del abismo y la fractura, Evocación del desterrado, Murciélagos y redención* (Premio Latinoamericano de Poesía Benemérito de América 2004 por la UABJO), *Thomas Bernhard despierta en su tumba sin nombre* y *El rapto de Proserpina*, entre otros; realizó las antologías *El cisne en la sombra: antología de poesía modernista, A mar y otras tempestades: antología de poemas sobre el mar y sus misterios, La terrible cordura del idiota: cuentos de locura y muerte de la literatura universal* y *Mi casa fueron mis palabras: antología poética de Octavio Paz.* Ha sido becario en Poesía por el INBA y el Fonca. En 2005 ingresó al Sistema Nacional de Creadores de Arte de México.

SÓLO UN BESO

Poemas de amor y erotismo

Selección, prólogo y notas de César Arístides

DEBOLS!LLO

El papel utilizado para la impresión de este libro ha sido fabricado a partir de madera procedente de bosques y plantaciones gestionadas con los más altos estándares ambientales, garantizando una explotación de los recursos sostenible con el medio ambiente y beneficiosa para las personas.

Sólo un beso
Poemas de amor y erotismo

Primera edición en Debolsillo: enero, 2023

D. R. © 2023, César Arístides (comp.)

Los créditos de los textos seleccionados están al final del libro

D. R. © 2023, derechos de edición mundiales en lengua castellana:
Penguin Random House Grupo Editorial, S. A. de C. V.
Blvd. Miguel de Cervantes Saavedra núm. 301, 1er piso,
colonia Granada, alcaldía Miguel Hidalgo, C. P. 11520,
Ciudad de México

penguinlibros.com

Diseño de portada: Penguin Random House / Paola García Moreno

ISBN: 978-607-381-155-2

Impreso en México – *Printed in Mexico*

UN BESO PARA SALVARSE DEL ABISMO

El mundo enfermo puede caer en pedazos, la existencia parece no tener salvación, es mucho el dolor, es una daga la angustia; los días extienden —pese a la luz solar, los árboles risueños y las baladas de los pájaros— su luminosa tristeza porque el ser humano no tiene el licor que alivie sus penas en la soledad, en el abandono o en el encierro, no tiene la promesa de un beso… sí, sólo un beso, de amor y de embeleso, un beso terso o perverso para darle vida a las pasiones, luz al corazón, el fuego erótico del cuerpo.

Un beso para despertar al amor y decirle a la penumbra que estamos vivos. Después… una caricia, las manos desesperadas, los torsos que se hacen una sola flama; mordidas y gemidos, alabanzas y latidos… el universo es otro por el amor, por sus argucias, moléculas y savias; es la esencia potente que alivia a mujeres y hombres de su desolación, pues amor y erotismo cubren sus días oscuros, dibujan en sus cuerpos el recuerdo de aquellos labios, la entrada ardiente al paraíso. Sin las vibraciones del amor los parajes del pensamiento son sombríos, sin la energía amorosa las almas levitan en el abismo; con su rabia dulce el amor, el goce, la voluptuosidad, funden las miradas y los brazos, la piel se vuelve un himno de fulgores y de dicha.

El propósito de este libro es reunir una serie de poemas apasionados, candentes, sensitivos, sibaritas, abrasivos, reflexivos, nostálgicos… en torno al amor y los secretos que encierra, la idea es desmenuzar el amor para sacudir nuestro espíritu: los poemas son besos, caricias, súplicas, invocaciones; también son un alcohol delicado, una caricia inolvidable que recorre la piel para escribir deseo. También hay poemas en busca del amor y del amante, composiciones que hablan de un amor lejano y siempre prendido, de la evocación de esa piel que nos iluminaba, de esos labios necesarios o de esas lágrimas nacidas en el vientre seco del abandono; la idea es amar y desarmar, soñar, añorar el juego de fuego, el alma sin calma, la ternura en la tersura, hacer con las palabras el amor y consumirse en sus misterios.

La antología comparte poemas donde el amor y sus requiebros derivan en bromas y burlas, amor travieso en versos lujuriosos; poemas místicos donde la idea del ser superior también es un deseo del cuerpo, un ideal sagrado que afiebra nuestros sueños; poemas lésbicos, homosexuales, fulgurantes o melancólicos, suplicantes o ardientes; rescates literarios de poetas desconocidos, heterónimos, poetas antiguos y voces frescas, insolentes, sutiles de la nueva poesía hispanoamericana.

Se incluyen en esta antología poetas mexicanos, españoles, argentinos, colombianos, dominicanos, puertorriqueños, venezolanos, cubanos… composiciones que abarcan la Edad Media, los Siglos de Oro, el romanticismo, el modernismo, poesía de vanguardia y poesía contemporánea. Hay poemas sobre el acto amoroso, sobre las caricias y el vocablo de la piel, poemas donde el amante extraña la complicidad, donde la mujer sueña con su sombra erótica, donde quienes se besan aguardan el nuevo encuentro, poemas amorosos de abandonados, de viajeros, de amantes vivos sólo por el recuerdo, poemas para lamer, beber, morder, rasgar, llorar al amor, rabiar al amor, desafiarlo desde nuestra soledad.

Versos de Gutierre de Cetina, Góngora, Quevedo, Lope de Vega, Sor Juana Inés de la Cruz, Campoamor, Núñez de Arce, Bécquer, Espronceda, el duque de Rivas, Carolina Coronado, Rosalía de Castro, Amado Nervo, Salvador Díaz Mirón, José Asunción Silva, Rubén Darío, Antonio Machado, Efraín Huerta, Eduardo Lizalde, José Luis Rivas, Antonio Deltoro, Francisco Hernández, Elsa Cross, Coral Bracho, María Baranda, Salvador Alanís, Minerva Margarita Villarreal, Ricardo Muñoz Munguía y muchos más, hacen de *Sólo un beso,* una celebración del amor, un festejo literario donde se brinda por los placeres, los vinos del cuerpo, la lumbre erótica de la mujer y el hombre entrelazados, el amor desenfrenado y su locura.

El tema del amor es muy socorrido entre los poetas y, sin duda, hay poemas célebres, inolvidables. Consciente de esta realidad ofrezco otros poemas de gran calidad y resolución para invitar al lector al encuentro con otras voces o celebraciones. Cuando el idioma español presentó algunas dificultades para su comprensión, recurrí a versiones más ligeras sin alterar los contenidos, esto quedará demostrado en poemas iniciales de esta selección. Es indudable que faltan poetas célebres, sobre todo del siglo xx; por cuestiones de derechos de autor no podemos convocar a muchos autores que han dedicado versos ardorosos al amor y sus avatares. En defensa de esta antología, compartimos poemas desconocidos, raros, festivos, sarcásticos, densos, novísimos y, en muchos casos, composiciones poco atendidas de autores famosos que dejarán en el lector una impresión agradable.

Gracias a mis amigos y editores Enrique Calderón y Eduardo Flores por el apoyo y el entusiasmo para que este divertimento sensual sea un libro. Gracias a Melissa Campos por el cuidado editorial. Gracias a los amigos poetas, siempre generosos al compartir sus versos, quienes con sólo una llamada telefónica, un mensaje o un correo electrónico aceptaron la publicación de sus poemas. Gracias a la siempre dispuesta y luminosa Céline Ramos por su ayuda en el trabajo editorial, sus lecturas y recomendaciones: Celincita, este libro y mi amor son para ti.

Sólo un beso está dedicado a Xanthe Holloway, por nuestro amor constante más allá de la muerte; a Esilda Anayansi Ramos Trujillo, Javier Ángel Antonio, Ludmila Elvira Escobar Ramos, Juan Ignacio y Ana Patricia Ramos Salgado, Iván Montes Gutiérrez, Karla Margarita y Juan Manuel Hernández Ramos, Aldo Fabián Ramos Guerrero y César Damián Arellano Zúñiga: todos, un gran corazón en mi vida. Deseo que quienes se acerquen a estas páginas gocen, se entristezcan, sonrían, añoren o disfruten el amor, como lo hice al juntar estos poemas. El libro es una invitación desde la intimidad, el encierro o el campo para convocar al amor con un verso, una palabra o sólo un beso.

César Arístides
18 de octubre de 2021, día de san Lucas Evangelista

POR AMORES E LOORES DE UNA SEÑORA*

Alfonso Álvarez de Villasandino (España, 1380-1457)

Visso enamoroso,
duélete de mí,
pues vivo pensoso
desseando a ti.

La tu fermosura
me puso en prisión;
por la cual ventura
del mi coraçón
nos' parte tristura
en toda sazón:
por én' tu figura
me entristece assí.

Todo el mi cuidado
es en te loar,
quel tiempo pasado
non posso olvidar:
farás aguissado
de mi te membrar,
pues siempre de grado
leal te serví.

Estoy cada día
triste sin plazer;
si tan sólo un día
te pudiesse ver,
yo confortar me ía
con tu parescer:
por én' cobraría
el bien que perdí.

---

* Al parecer este nombre es un heterónimo de Alfonso Álvarez de To-ledo, quien decidió crear a este poeta para referirse a sus contemporáneos en composiciones poéticas sin ser descubierto (según un texto de Jesús Fernando Cáseda Teresa aparecido en el sitio e-Spania).

DEZIR

Marqués de Santillana (España, 1398-1458)

I
Non es humana la lumbre
que de vuestra faz procede;
a toda beldad excede
expresando certidumbre.
Fuente de moral costumbre,
donzella purificada,
do quiso facer morada
la discreta mansedumbre.

II
Vos sois la que yo elegí
por soberana maestresa,
más fermosa que deesa,
señora, de cuantas vi.
Vos sois la por quien perdí
todo mi franco albedrío,
donzella de honesto brío,
de cuyo amor me vencí.

III
E si cantigas de amores
yo fago, que algunas plegan,
ciertas por dicho se tengan

que vuestros son los loores.
Donzella, cuyos valores
con pluma e lengua recito
en fablas e por escrito,
sanad mis tristes langores.

IV
Donzella sed vos la lança
de Arquiles que, si fería,
prestamente convertía
la dolor en buena andança.
Mi bien y mi contemplança,
si firió vuestra presencia,
no tarde vuestra clemencia
con saludable esperança.

V
Ca non es tan poderoso
vuestro "non" que me defienda
de seguir la tal contienda,
aunque viva congoxoso.
Vuestro gesto desdeñoso
non fará, ni yo lo creo,
donzella, que mi deseo
non vos recuente quexoso.

Fin
Viso angélico, gracioso,
donzella de tal aseo
cual yo nunca vi ni veo,
dadme vida con reposo.

A UNA DAMA QUE IVA CUBIERTA

Gómez Manrique (España, 1412-1490)

El coraçón se me fue
donde vuestro vulto vi,
e luego vos conoscí
al punto que vos miré;
que no pudo fazer tanto,
por mucho que vos cubriese,
aquel vuestro negro manto,
que no vos reconociese.

Que debaxo se mostrava
vuestra gracia y gentil aire,
y el cubrir con buen donaire
todo lo magnifestava;
así que con mis enojos
e muy grande turbación
allá se fueron mis ojos
do tenía el coraçón.

ROMANCE

Juan del Encina (España, 1468-1529 o 1530)

Yo me estava reposando,
durmiendo como solía.
Recordé, triste, llorando
con gran pena que sentía.
Levantéme muy sin tiento
de la cama en que dormía,
cercado de pensamiento,
que valer no me podía.
Mi passión era tan fuerte
que de mí yo no sabía.
Conmigo estava la Muerte
por tenerme compañía.
Lo que más me fatigava
no era porque muría,
mas era porque dexaba
de servir a quien servía.
Servía yo una señora
que más que a mí la quería,
y ella fue la causadora
de mi mal sin mejoría.
La media noche passada,
ya que era cerca el día,
salíme de mi posada
por ver si descansaría.

Fui para donde morava
aquélla que más quería,
por quien yo triste penava,
mas ella no parecía.
Andando todo turbado
con las ansias que tenía,
vi venir a mi Cuidado
dando bozes, y dezía:
"Si dormís, linda señora,
recordad por cortesía,
pues que fuestes causadora
de la desventura mía.
Remediad mi gran tristura,
satisfazed mi porfía,
porque si falta ventura
del todo me perdería."
Y con mis ojos llorosos,
un triste llanto hazía
con sospiros congoxosos,
y nadie no parecía.
En estas cuitas estando,
como vi que esclarecía,
a mi casa sospirando
me bolví sin alegría.

SONETO V

Garcilaso de la Vega (España, 1501-1536)

Escrito está en mi alma vuestro gesto
y cuanto yo escribir de vos deseo,
vos sola lo escribiste; yo lo leo
tan solo, que aun de vos me guardo en esto.

En esto estoy y estaré siempre puesto,
que aunque no cabe en mí cuanto en vos veo,
de tanto bien lo que no entiendo creo,
tomando ya la fe por presupuesto.

Yo no nací sino para quereros;
mi alma os ha cortado a su medida;
por hábito del alma misma os quiero;

cuanto tengo confieso yo deberos;
por vos nací, por vos tengo la vida,
por vos he de morir, y por vos muero.

A UNA DAMA

Diego Hurtado de Mendoza (España 1503-1575)

Tu gracia, tu valor, tu hermosura,
muestra de todo el cielo, retirada
como cosa que está sobre natura,
no pudiera ser vista ni pintada.

Pero yo, que en el alma tu figura
tengo en humana forma abreviada,
tal hice retratarte de pintura
que el amor te dejó en ella estampada.

No por ambición vana, o por memoria
tuya, o ya por manifestar mis males;
mas por verte más veces que te veo

y por sólo gozar de tanta gloria,
señora, con los ojos corporales,
como con los del alma y del deseo.

CUBRIR LOS BELLOS OJOS*

Gutierre de Cetina (España, 1510-1554)

Cubrir los bellos ojos
con la mano que ya me tiene muerto,
cautela fue por cierto,
que ansí doblar pensastes mis enojos.
Pero de tal cautela
harto mayor ha sido el bien que el daño,
que el resplandor extraño
del sol se puede ver mientras se cela.
Así que aunque pensastes
cubrir vuestra beldad, única, inmensa,
yo os perdono la ofensa,
pues, cubiertos, mejor verlos dejastes.

---

* Bella composición que de inmediato nos recuerda a los versos "Ojos claros, serenos, / si de un dulce mirar sois alabados, / ¿por qué, si me miráis, miráis airados?..." del mismo autor. El poema de esta antología parece ser continuación de estos versos, sin duda los más conocidos del poeta. Elegimos "Cubrir los bellos ojos" por no ser tan célebre, pero sí de igual gracia y encanto.

YA TODA ME ENTREGUÉ Y DI

Santa Teresa de Jesús (España, 1515-1582)

Ya toda me entregué y di,
y de tal suerte he trocado,
que mi Amado es para mí
y yo soy para mi Amado.

Cuando el dulce cazador
me tiró y dejó rendida,
en los brazos del amor
mi alma quedó caída,
y cobrando nueva vida
de tal manera he trocado,
que mi Amado es para mí
y yo soy para mi Amado.

Tiróme con una flecha
enarbolada de amor,
y mi alma quedó hecha
una con su Criador;
yo ya no quiero otro amor,
pues a mi Dios me he entregado,
que mi Amado es para mí
y yo soy para mi Amado.

VILLANCICO

Jorge de Montemayor (España (¿1520?-1561)

Véante mis ojos,
y muérame yo luego,
dulce amor mío
y lo que yo más quiero.

A trueque de verte
la muerte me es vida,
si fueres servida
mejora mi suerte:
que no será muerte
si viéndote muero,
dulce amor mío
y lo que yo más quiero.

¿Dó está tu presencia?
¿Por qué no te veo?
¡Oh cuánto un deseo
fatiga en ausencia!
Socorre, paciencia,
que yo desespero
por el amor mío
y lo que yo más quiero.

SONETO

Fray Luis de León (España, 1527-1591)

Amor casi de un vuelo me ha encumbrado
adonde no llegó ni el pensamiento;
mas toda esta grandeza de contento
me turba, y entristece este cuidado,

que temo que no venga derrocado
al suelo por faltarle fundamento;
que lo que en breve sube en alto asiento,
suele desfallecer apresurado.

Mas luego me consuela y asegura
el ver que soy, señora ilustre, obra
de vuestra sola gracia, y que en vos fío:

porque conservaréis vuestra hechura,
mis faltas supliréis con vuestra sobra,
y vuestro bien hará durable el mío.

PRESO DE AMORES

Baltasar del Alcázar (España, 1530-1606)

Tres cosas me tienen preso
de amores el corazón:
la bella Inés, el jamón
y berenjenas con queso.

Esta Inés, aun antes, es
quien tuvo en mí tal poder
que me hizo aborrecer
todo lo que no era Inés.
Trájome un año sin seso,
hasta que en una ocasión
me dio a merendar jamón
y berenjenas con queso.

Fue de Inés la primer palma,
pero ya júzgase mal
entre todos ellos cuál
tiene más parte en mi alma.
En gusto, medida y peso
no le hallo distinción:
ya quiero Inés, ya jamón,
ya berenjenas con queso.

Alega Inés su beldad,
el jamón que es de Aracena;
el queso y la berenjena,
la española antigüedad.
Y está tan en fiel el peso,
que, juzgando sin pasión,
todo es uno: Inés, jamón
y berenjenas con queso.

PENSÉ, MAS FUE ENGAÑOSO PENSAMIENTO
Fernando de Herrera (España, 1534-1597)

Pensé, mas fue engañoso pensamiento,
armar de puro hielo el pecho mío;
porque el fuego de amor al grave frío
no desatase en nuevo encendimiento.

Procuré no rendirme al mal que siento,
y fue todo mi esfuerzo desvarío;
perdí mi libertad, perdí mi brío,
cobré un perpetuo mal, cobré un tormento.

El fuego al hielo destempló en tal suerte
que, gastando su humor, quedó ardor hecho;
y es llama, es fuego, todo cuanto espiro.

Este incendio no puede darme muerte,
que, cuanto de su fuerza más deshecho,
tanto más de su eterno afán respiro.

BELLA ES MI NINFA, SI LOS LAZOS DE ORO*
Francisco de la Torre (España, ¿1534-1594?)

Bella es mi ninfa, si los lazos de oro
al apacible viento desordena;
bella, si de sus ojos enajena
el altivo desdén que siempre lloro.

Bella, si con la luz que sola adoro
la tempestad del viento y mar serena;
bella, si la dureza de mi pena
vuelve las gracias del celeste coro.

Bella si mansa, bella si terrible;
bella si cruda, bella esquiva, y bella
si vuelve grave aquella luz del cielo,

cuya beldad humana y apacible
ni se puede saber lo que es sin vella
ni vista entenderá lo que es el suelo.

---

* Poeta del Renacimiento, homónimo de otro poeta español del siglo XVII. Su seguidor, dicen algunos estudiosos, era Francisco de Quevedo; las fechas de nacimiento y muerte del poeta que nos ocupa no son exactas.

NO ES CIEGO AMOR
Gaspar Gil Polo (España, ¿1535?-1591)

No es ciego Amor, mas yo lo soy, que guío
mi voluntad camino del tormento:
no es niño Amor, mas yo que en un momento
espero y tengo miedo, lloro y río.

Nombrar llamas de Amor es desvarío,
su fuego es el ardiente y vivo intento,
sus alas son mi altivo pensamiento
y la esperanza vana en que me fío.

No tiene Amor cadenas, ni saetas,
para prender y herir, libres y sanos,
que en él no hay más poder del que le damos.

Porque es Amor mentira de poetas,
sueño de locos, ídolo de vanos;
mirad qué negro dios el que adoramos.

MALDITO SEAS, AMOR, PERPETUAMENTE

Francisco de Figueroa (España, ¿1536?-1588)

Maldito seas, Amor, perpetuamente,
tu nombre, tu saeta, venda y fuego:
tu nombre, que con tal desasosiego
me fuerza a andar perdido entre la gente;

tu flecha, que me hizo así obediente
de aquella falsa, de quien ya reniego;
tu venda, con que me hiciste ciego
y así juzgué por ángel la serpiente;

y el fuego sea maldito, cuya llama
no toca al cuerdo, que es muy gran locura,
y al necio sólo su crueldad consiente.

Y así el cuitado espíritu que ama
dirá, tu rostro viendo o tu figura:
"Maldito seas, Amor, perpetuamente".

¿CUÁL ES LA CAUSA, MI DAMÓN, QUE ESTANDO...?*

Francisco de Aldana (1537-1578)

"¿Cuál es la causa, mi Damón, que estando
en la lucha de amor juntos, trabados,
con lenguas, brazos, pies y encadenados
cual vid que entre el jazmín se va enredando,

y que el vital aliento ambos tomando
en nuestros labios, de chupar cansados,
en medio a tanto bien somos forzados
llorar y sospirar de cuando en cuando?".

"Amor, mi Filis bella, que allá dentro
nuestras almas juntó, quiere en su fragua
los cuerpos ajuntar también, tan fuerte

que no pudiendo, como esponja el agua,
pasar del alma al dulce amado centro,
llora el velo mortal su avara suerte".

---

* Soneto inolvidable que se ocupa de un tema esencial del ideal amoroso: el ser sólo uno, un amor, una entrega, una pasión en alma y cuerpo. El acto amoroso es una batalla para ser una lumbre sola a partir de la pasión, el vértigo y la locura voluptuosa.

CÁNTICO

San Juan de la Cruz (España, 1542-1591)

Mi alma se ha empleado,
y todo mi caudal, en su servicio;
ya no guardo ganado,
ni ya tengo otro oficio,
que ya sólo en amar es mi ejercicio.

Pues ya si en el egido
de hoy más no fuere vista ni hallada,
diréis que me he perdido,
que, andando enamorada,
me hice perdediza y fui ganada.

De flores y esmeraldas
en las frescas mañanas escogidas,
haremos las guirnaldas,
en tu amor floridas,
y en un cabello mío entretejidas.

En solo aquel cabello
que en mi cuello volar consideraste,
mirástele en mi cuello
y en él preso quedaste,
y en uno de mis ojos te llagaste.

UNOS OJOS BELLOS

José de Valdivielso (España, 1560-1638)

Unos ojos bellos
adoro, madre;
téngolos ausentes,
verélos tarde.

Unos ojos bellos,
que son de paloma,
donde amor se asoma
a dar vida en ellos;
no hay, madre, sin vellos,
bien que no me falte;
téngolos ausentes,
verélos tarde.

Son dignos de amar,
pues podéis creer
que no hay más que ver
ni que desear:
hícelos llorar,
y llorar me hacen;
téngolos ausentes,
vérelos tarde.

No sé qué me vi
cuando los miré,
que en ellos me hallé
y en mí me perdí.
Ya no vivo en mí,
sino en ellos, madre;
téngolos ausentes,
verélos tarde.

DESCRIPCIÓN DE UNA DAMA*

Luis de Góngora (España, 1561-1627)

De pura honestidad templo sagrado,
cuyo bello cimiento y gentil muro
de blanco nácar y alabastro duro
fue por divina mano fabricado;

pequeña puerta de coral preciado,
claras lumbreras de mirar seguro,
que a la esmeralda fina el verde puro
habéis para viriles usurpado;

soberbio techo, cuyas cimbrias de oro
al claro sol, en cuanto en torno gira,
ornan de luz, coronan de belleza;

ídolo bello, a quien humilde adoro,
oye piadoso al que por ti suspira,
tus himnos canta y tus virtudes reza.

---

* Hermoso poema que compara el rostro de la mujer amada con una
edificación monumental: puerta de coral los labios, lumbreras los ojos, so-
berbio techo de cimbrias de oro son cabellos dorados; al final el poeta pide
a su amada que escuche su canto escrito con la devoción de su amor.

IR Y QUEDARSE Y CON QUEDAR PARTIRSE
Lope de Vega (España, 1562-1635)

Ir y quedarse y con quedar partirse,
partir sin alma e ir con alma ajena,
oír la dulce voz de una sirena
y no poder del árbol desasirse;

arder como la vela y consumirse,
haciendo torres sobre tierna arena;
caer de un cielo y ser demonio en pena
y de serlo jamás arrepentirse;

hablar entre las mudas soledades,
pedir pues resta sobre fe paciencia,
y lo que es temporal llamar eterno;

creer sospechas y negar verdades,
es lo que llaman en el mundo ausencia,
fuego en el alma, y en la vida infierno.

SONETO AMOROSO*

Francisco de Quevedo (España, 1580-1645)

A fugitivas sombras doy abrazos;
en los sueños se cansa el alma mía;
paso luchando a solas noche y día
con un trasgo que traigo entre mis brazos.

Cuando le quiero más ceñir con lazos,
y viendo mi sudor, se me desvía;
vuelvo con nueva fuerza a mi porfía,
y temas con amor me hacen pedazos.

Voyme a vengar en una imagen vana
que no se aparta de los ojos míos;
búrlame, y de burlarme corre ufana.

Empiézola a seguir, fáltanme bríos;
y como de alcanzarla tengo gana,
hago correr tras ella el llanto en ríos.

---

* Tema frecuente en la poesía de los Siglos de Oro, la interpretación del amor; en Quevedo este cuestionamiento alcanza su punto culminante con el soneto que inicia "Es hielo abrasador, es fuego helado", pero no menos potente y alto es este poema donde se implora a la amada. Se describen los tormentos del amor y se expresa el ser agobiado por los anhelos amorosos.

DETERMINARSE Y LUEGO ARREPENTIRSE*

Juan de Tassis, conde de Villamediana (España, 1582-1622)

Determinarse y luego arrepentirse,
empezarse a atrever y acobardarse,
arder el pecho y la palabra helarse,
desengañarse y luego persuadirse;

comenzar una cosa y advertirse
querer decir su pena y no aclararse,
en medio del aliento desmayarse,
y entre temor y miedo consumirse;

en las resoluciones, detenerse,
hallada la ocasión, no aprovecharse,
y, perdida, de cólera encenderse,

y sin saber por qué, desvanecerse:
efectos son de Amor, no hay que espantarse,
que todo del Amor puede creerse.

---

* Uno de los grandes temas entre los poetas de los Siglos de Oro fue la definición del amor, lo que se siente, lo que significa, cómo expresa sus desvaríos. En este soneto, el seductor y aventurero conde de Villamediana detalla lo que provoca en los amantes el delirio amoroso.

QUE CONSUELA A UN CELOSO, EPILOGANDO LA SERIE DE LOS AMORES*

Sor Juana Inés de la Cruz (México, 1651-1695)

Amor empieza por desasosiego,
solicitud, ardores y desvelos;
crece con riesgos, lances y recelos,
susténtase en llantos y de ruego.

Doctrínanle tibiezas y despego,
conserva el ser entre engañosos velos,
hasta que con agravios o con celos
apaga con sus lágrimas su fuego.

Su principio, su medio y fin es éste;
pues ¿por qué, Alcino, sientes el desvío
de Celia que otro tiempo bien te quiso?

¿Qué razón hay de que dolor te cueste,
pues no te engañó Amor, Alcino mío,
sino que llegó el término preciso?

---

* Una graciosa y tenaz enumeración de cómo nace el amor y por qué puede extinguirse; es un soneto sobre el idealizar, acercarse, consumar, dudar, quebrar y sufrir el proceso amoroso, escrito con la pluma ágil de nuestra imprescindible Sor Juana.

AFECTO 46*

Deliquios del Divino Amor
en el corazón de la criatura
y en las agonías del Huerto

Francisca Josefa del Castillo y Guevara (Colombia, 1671-1742)

I
El habla delicada
del amante que estimo,
miel y leche destila
entre rosas y lirios.

Su meliflua palabra
corta como rocío,
y con ella florece
el corazón marchito.

Tan suave se introduce
su delicado silbo,
que duda el corazón
si es el corazón mismo.

Tan eficaz persuade,
que cual fuego encendido,
derrite como cera
los montes y los riscos.

Tan fuerte y tan sonoro
es su aliento divino,

que resucita muertos
y despierta dormidos.

Tan dulce y tan suave
se percibe al oído
que alegra de los huesos
aun lo más escondido.

II
Al monte de la mirra
he de hacer mi camino,
con tan ligeros pasos
que iguale al cervatillo.

Mas, ¡ay Dios!, que mi amado
al huerto ha descendido,
y como árbol de mirra
suda el licor más primo.

De bálsamo es mi amado,
apretado racimo
de las viñas de Engadi:
el amor le ha cogido.

De su cabeza el pelo,
aunque ella es oro fino,
difusamente baja
de penas a un abismo.

El rigor de la noche
le da el color sombrío

y gotas de su hielo
le llenan de rocío.

¿Quién pudo hacer, ¡ay cielo!,
temer a mi querido?,
que huye el aliento y queda
en un mortal deliquio.

Rojas las azucenas
de sus labios divinos
mirra amarga destilan
en su color marchitos.

Huye, Aquilo; ven, Austro,
sopla en el huerto mío,
las eras de las flores
den su olor escondido.

Sopla más favorable
amado vientecillo,
den su olor los aromas,
las rosas y los lirios.

Mas, ¡ay!, que si sus luces
de fuego y llamas hizo
hará dejar su aliento
el corazón herido.

---

* A la manera de Santa Teresa y otros místicos como san Juan de la Cruz, esta poeta y monja colombiana expresa su amor a Dios con tal fervor que su ruego pasea de manera sencilla por lo sensual, lo telúrico, la lumbre del cuerpo y el amor puro, explosivo/expansivo. También conocido como "Afecto 45".

A CLORI

Gaspar Melchor de Jovellanos (España, 1744-1811)

Sentir de una pasión viva y ardiente
todo el afán, zozobra y agonía;
vivir sin premio un día y otro día;
dudar, sufrir, llorar eternamente;

amar a quien no ama, a quien no siente,
a quien no corresponde ni desvía;
persuadir a quien cree y desconfía;
rogar a quien otorga y se arrepiente;

luchar contra un poder justo y terrible;
temer más la desgracia que la muerte;
morir, en fin, de angustia y de tormento,

víctima de un amor irresistible:
ésta es mi situación, ésta es mi suerte.
¿Y tú quieres, crüel, que esté contento?

LAS LAVATIVAS

Félix María Samaniego (España, 1745-1801)

Cierta joven soltera
de quien un oficial era el amante
pensaba a cada instante
cómo con su galán dormir pudiera,
porque una vieja tía
gozar de sus amores la impedía.
Discurrió al fin meter al penitente
en su casa, y, fingiendo que la daba
un cólico bilioso de repente,
hizo a la vieja, que cegata estaba,
que un colchón separase
y en diferente cama se acostase.
Ella en la suya, en tanto,
tuvo con su oficial lindo recreo,
dándole al dengue tanto
que a media voz, en dulce regodeo,
suspiraba y decía:
—¡Ay…! ¡Ay…! ¡Cuánto me aprieta esta agonía!
La vieja cuidadosa,
que no estaba durmiendo,
los suspiros oyendo,
a su sobrina dijo cariñosa:
—Si tienes convulsiones aflictivas,
niña, yo te echaré unas lavativas.

—No, tía (ella responde), que me asustan.
—Pues si son un remedio soberano.
—¿Y qué, si no me gustan?
—Con todo, te he de echar dos por mi mano.
Dijo, y en un momento levantada,
fue a cargar y traer la arma vedada.
La mozuela, que estaba embebecida
cuando llegó este apuro,
gozando una fortísima embestida,
pensó un medio seguro
para que la función no se dejase
ni a su galán la tía allí encontrase;
montó en él ensartada,
tapándole su cuerpo y puesta en popa,
mientras la tía, de jeringa armada,
llegó a la cama, levantó la ropa
por un ladito y, como mejor pudo,
enfiló el ojo del rollizo escudo.
En tanto que empujaba
el caldo con cuidado,
la sobrina gozosa respingaba
sobre el cañón de su galán armado,
y la vieja, notando el movimiento,
la dijo: —¿Ves cómo te dan contento
las lavativas, y que no te asustan?
¡Apuesto a que te gustan!
A lo cual la sobrina respondió:
—¡Ay!, por un lado sí, por otro no.

A UNOS LINDOS OJOS

Juan Meléndez Valdés (España, 1754-1817)

Tus lindos ojuelos
me matan de amor.

Ora vagos giren,
o párense atentos,
o miren exentos,
o lánguidos miren,
o injustos se aíren
culpando mi ardor,
tus lindos ojuelos
me matan de amor.

Si al fanal del día
emulando ardientes,
alientan clementes
la esperanza mía,
y en su halago fía
mi crédulo error,
tus lindos ojuelos
me matan de amor.

Si evitan arteros
encontrar los míos,
sus falsos desvíos
me son lisonjeros.

Negándome fieros
su dulce favor,
tus lindos ojuelos
me matan de amor.

Los cierras burlando,
y ya no hay amores,
sus flechas y ardores
tu fuego apagando.
Yo entonces, temblando,
clamo en tanto horror:
¡tus lindos ojuelos
me matan de amor!

Los abres riente,
y el amor renace,
y en gozar se place
de su nuevo oriente;
cantando demente
yo al ver su fulgor:
tus lindos ojuelos
me matan de amor.

Tórnalos, te ruego,
niña, hacia otro lado,
que casi he cegado
de mirar su fuego.
¡Ay! Tórnalos luego;
no con más rigor,
tus lindos ojuelos
me matan de amor.

A LA SEÑORA M. D., BAILARINA DEL TEATRO DE BURDEOS, HACIENDO LA FIGURA DE CUPIDO EN EL BAILE INTITULADO *AMOR EN LA ALDEA*

Leandro Fernández de Moratín (España, 1760-1828)

No es el Amor esa deidad hermosa
que veis, como los céfiros, alada,
con puntas de oro y dócil arco armada,
y ceñida la sien de mirto y rosa.

O en breve sueño su inquietud reposa,
o el aire hiende, la prisión burlada;
dulces afectos inspirar la agraña:
triunfa, y castiga o premia generosa.

Eso es la ninfa, por quien hoy ufano
Garona ilustra su feliz ribera,
de pámpanos ornándose el cabello.

No es aquel ciego flechador tirano,
que el mundo turba y la celeste esfera:
no es el Amor, que no es Amor tan bello.

BALADA

Juan Ramos, marqués de San Lucas (México, ¿1767-1857?)*

se mecen en tus pechos las cornejas
y muerden felices tus cerezos
allí navega el estío
extiende su capa de árboles y céspedes
su lienzo de pájaros y tejados
la albura fría del cielo contrariado
que tu cuerpo azur en el tremedal de la sed
convida al regusto cauteloso
de pasar la lengua por la punta del recuerdo
y posar la lengua en tu naranja
partida por el corcel acucioso
que de mi boca clama indulto
por eso el silencio del lampo en la calzada
atestigua el arpegio de una nieve adusta
que te invoca mujer de lirio beso de hielo
por eso el silencio de mis nervios
se quema en el lindero
donde tus cimas de durazno
sueñan el latido de la espada

---

* Este poema forma parte del libro *Baladas a Pola Mohg*, escrito por un trovador danés del siglo XVII, pero transcrito libremente al español por el místico Juan Ramos, marqués de la orden de San Lucas, quien encontró el manuscrito en un embarque abandonado en la catedral de Puebla, México, meses antes de sus primeros oficios religiosos.

A UNOS OJOS

Fray Manuel Martínez de Navarrete (México, 1768-1809)

Cuando mis ojos miraron
de tu cielo los dos soles,
vieron tales arreboles
que sin vista se quedaron;
mas por ciegos no dejaron
de seguir por sus destellos,
por lo que duélete de ellos,
que aunque te causen enojos,
son girasoles mis ojos
de tus ojos soles bellos.

LA PREGUNTA DE LA NIÑA

Dionisio Solís (España 1774-1834)

Madre mía, yo soy niña;
no se enfade, no me riña
si fiada en su prudencia
desahogo mi conciencia,
y contarle solicito
mi desdicha o mi delito,
aunque muerta de rubor.

Pues Blasillo, el otro día,
cuando mismo anochecía,
y cantando descuidada
conducía mi manada,
en el bosque por acaso,
me salió solito al paso
más hermoso que el amor.

Se me acerca temeroso,
me saluda cariñoso,
me repite que soy linda,
que no hay pecho que no rinda,
que si río, que si lloro,
a los hombres enamoro,
y que mato con mirar.

Con estilo cortesano
se apodera de mi mano,
y entre dientes, madre mía,
no sé bien qué me pedía;
yo entendí que era una rosa
pero él dijo que otra cosa
que yo no le quise dar.

¿Sabe usted lo que decía
el taimado que quería?
Con vergüenza lo confieso,
mas no hay que era un beso,
y fue tanto mi sonrojo,
que irritada de su arrojo,
no sé cómo no morí.

Mas mi pecho enternecido
de mirarle tan rendido,
al principio resistiendo,
él instando, yo cediendo,
fue por fin tan importuno,
que en la boca, y sólo uno,
que me diera, permití.

Desde entonces, si le miro,
yo no sé por qué suspiro,
ni por qué si a Clori mira,
se me abrasa el rostro en ira;
ni por qué, si con cuidado
se me pone junto al lado,
me estremezco de placer.

Siempre orillas de la fuente
pienso en él y me sonrío,
y entre mí le llamo mío,
me entristezco de su ausencia,
y deseo en su presencia
la más bella parecer.

Confundida, peno y dudo,
y por eso a usted acudo;
dígame, querida madre,
si sentía por mi padre
este plácido tormento,
esta dulce que yo siento
deliciosa enfermedad.

Diga usted con qué se cura
o mi amor o mi locura,
y si puede por un beso,
sin que pase a más exceso,
una niña enamorarse,
y que trate de casarse
a los quince de su edad.

MIS DESEOS

Andrés Bello (Venezuela, 1781-1865)

¿Sabes, rubia, qué gracia solicito
cuando de ofrenda cubro los altares?
No ricos muebles, no soberbios lares,
ni una mesa que adule el apetito.

De Aragua a las orillas un distrito
que me tribute fáciles manjares,
do vecino a mis rústicos hogares
entre peñascos corra un arroyito.

Para acogerme en el calor estivo,
que tenga una arboleda también quiero,
do crezca junto al sauce el coco altivo.

¡Felice yo si en este albergue muero,
y al exhalar mi aliento fugitivo,
sello en tus labios el adiós postrero!

LA NIÑA DESCOLORIDA

Francisco Martínez de la Rosa (España, 1787-1862)

Pálida está de amores
mi dulce niña:
¡nunca vuelven las rosas
a sus mejillas!

Nunca de amapolas
o adelfas ceñida
mostró Citerea
su frente divina.
Téjenle guirnaldas
de jazmín sus ninfas,
y tiernas vïolas
Cupido le brinda.

Pálida está de amores
mi dulce niña:
¡nunca vuelven las rosas
a sus mejillas!

El sol en su ocaso
presagia desdichas
con rojos celajes
la faz encendida.
El alba en Oriente,

más plácida brilla;
de cándido nácar
los cielos matiza.

Pálida está de amores
mi dulce niña:
¡nunca vuelven las rosas
a sus mejillas!

¡Qué linda se muestra,
si a dulces caricias
afable responde
con blanda sonrisa!
Pero muy más bella
al amor convida
si de amor se duele,
si de amor respira.

Pálida está de amores
mi dulce niña:
¡nunca vuelven las rosas
a sus mejillas!

Sus lánguidos ojos
el brillo amortiguan:
retiemblan sus brazos;
su seno palpita;
ni escucha, ni habla,
ni ve, ni respira;
y busca en sus labios
el alma y la vida.

Pálida está de amores
mi dulce niña:
¡nunca vuelven las rosas
a sus mejillas!

A LUCIANELA

Ángel de Saavedra, duque de Rivas (España, 1791-1861)

Cuando, al compás del bandolín sonoro
y del crótalo ronco, Lucianela,
bailando la gallarda tarantela,
ostenta de sus gracias el tesoro;

y, conservando el natural decoro,
gira y su falda con recato vuela,
vale más el listón de su chinela
que del rico Perú las minas de oro.

¡Cómo late tu seno! ¡Cuán gallardo
su talle ondea! ¡Qué celeste llama
lanzan los negros ojos brilladores!

¡Ay! Yo en su fuego me consumo y ardo,
y en alta voz mi labio la proclama
de las gracias deidad, reina de amores.

EL RUEGO

José María Heredia (Cuba, 1803-1839)

De mis pesares
duélete, hermosa,
y cariñosa
paga mi amor.

Mira cual sufro
por tu hermosura
angustia dura
pena y dolor.

¿Quién, ¡ay!, resiste
cuando le miras,
y fuego inspiras
al corazón?

Cuando tu seno
blando palpita,
¿en quién no excita
plácido ardor?

Secreto afecto
me enardeciera
la vez primera
que yo te vi.

Tu habla divina
sonó en mi oído,
y conmovido
me estremecí.

De amor el fuego
corre en mis venas…
Sí… de mis penas
ten, ¡ay!, piedad.

Tenla… un afecto
puro, sencillo,
releva el brillo
de la beldad.

1822

LA AURORA

Antonio García Gutiérrez (España, 1813-1884)

Ya brilla la aurora fantástica, incierta,
velada en su manto de rico tisú;
¿por qué, niña hermosa, no se abre tu puerta?
¿Por qué cuando el alba las flores despierta
     durmiendo estás tú?

Llamando a tu puerta diciendo está el día:
—Yo soy la esperanza que ahuyenta el dolor—;
El ave te dice: —Yo soy la armonía—;
y yo suspirando, te digo: —Alma mía,
     yo soy el amor.

A ÉL

Gertrudis Gómez de Avellaneda (Cuba, 1814-1873)

Era la edad lisonjera
en que es un sueño la vida:
era la aurora hechicera
de mi juventud florida,
en su sonrisa primera.

Cuando sin rumbo vagaba
por el campo silenciosa,
y en escuchar me gozaba
la tórtola que entonaba
su querella lastimosa.

Melancólico fulgor
blanca luna repartía,
y el aura leve mecía
con soplo murmurador
la tierna flor que se abría.

¡Y yo gozaba! El rocío,
nocturno llanto del cielo,
el bosque espeso y umbrío,
la dulce quietud del suelo,
el manso correr del río,

y de la luna el albor,
y el aura que murmuraba
acariciando a la flor,
y el pájaro que cantaba…
¡Todo me hablaba de amor!

Y trémula, palpitante,
en mi delirio extasiada,
miré una visión brillante,
como el aire perfumada,
como las nubes flotante.

Ante mí resplandecía
como un astro brillador,
y mi loca fantasía
al fantasma seductor
tributaba idolatría.

Escuchar pensé su acento
en el canto de las aves;
eran las auras su aliento
cargadas de aromas suaves,
y su estancia el firmamento.

¿Qué ser divino era aquél?
¿Era un ángel o era un hombre?
¿Era un Dios o era Luzbel?...
¿Mi visión no tiene nombre?
¡Ah!, nombre tiene… ¡Era *Él*!

QUIEN MÁS PONE, PIERDE MÁS
Ramón de Campoamor (España, 1817-1901)

Es la constancia una estrella
que a otra luz más densa muere,
pues quien más con ella quiere,
menos le quieren con ella.

Este refrán que te canto,
tiene, amor mío, tal arte,
que su verdad a probarte
con una *conseja* voy.

Fue una niña de quince años
el duende de esta *conseja*,
y, aunque la niña ya es vieja,
aún dice entre angustias hoy:

que es la constancia una estrella
que a otra luz más densa muere,
pues quien más con ella quiere,
menos le quieren con ella.

Tuvo la niña un amante
a quien, idólatra, un día,
"Te he de querer —le decía—
hasta después de morir.

Y si con Dios avenida,
corta mi aliento la muerte,
dejaré el cielo por verte".
Tal dijo, sin advertir

que es la constancia una estrella
que a otra luz más densa muere,
pues quien más con ella quiere,
menos le quieren con ella.

Murió la niña, y cumpliendo
de su antiguo amor los gustos,
dejó el país de los justos,
y al mundo el vuelo tendió.

Y cuando alegre a su amante
con alas de ángel cubría,
"¿Ves cuál dejé —le decía—
el cielo por ti?". Mas, ¡oh!,

que es la constancia una estrella
que a otra luz más densa muere,
pues quien más con ella quiere,
menos le quieren con ella.

Durmió el ángel a su lado;
y, de otra esfera anhelante,
sus alas cortó el amante
y en ellas al cielo huyó.

ES EL AMOR QUE LLEGA

Fabio Fiallo (República Dominicana, 1866-1942)

Ese rumor extraño
que en tu alcoba resuena,
y ora es arrullo de aves
que en la sombra se besan,
ora es canción dulcísima,
ora es risa, ora es queja,
y a veces te acongoja,
y otras veces te alegra…

Ese rumor que súbito
de noche te despierta,
con la nívea garganta
de suspiros repleta,
la impresión en los labios
de otros labios que queman,
y cercadas de sombras
tus pupilas inmensas…

Mientras corren tus lágrimas
por un ansia secreta,
que tú misma no sabes
si es de gozo o tristeza:
¡Ay, si es dicha, qué amarga!
¡Ay, qué dulce si es pena!...

¡Ese rumor extraño
es el amor que llega!

ABROJOS: 18

Rubén Darío (Nicaragua, 1867-1916)

Cantaba como un canario
mi amada alegre y gentil,
y danzaba al son del piano,
del oboe y del violín.
Y era el ruido estrepitoso
de su rítmico reír,
eco de áureas campanillas,
son de lira de marfil,
sacudidas en el aire
por un loco serafín.
Y eran su canto, su baile,
y sus carcajadas mil,
puñaladas en el pecho,
puñaladas para mí,
de las cuales llevo adentro
la imborrable cicatriz.

SIEMPRE

Ricardo Jaimes Freyre (Perú, 1868-1933)

¡Tú no sabes cuánto sufro! ¡Tú que has puesto más tinieblas
en mi noche, y amargura más profunda en mi dolor!
Tú has dejado, como el hierro que se deja en una herida,
en mi oído la caricia dolorosa de tu voz.

Palpitante como un beso; voluptuosa como un beso;
voz que halaga y que se queja; voz de ensueño y de dolor...
Como sigue el ritmo oculto de los astros el Océano,
mi ser todo sigue el ritmo misterioso de tu voz.

¡Oh, me llamas y me hieres! Voy a ti como un sonámbulo,
con los brazos extendidos en la sombra y el dolor...
Tú no sabes cuánto sufro; cómo aumenta mi martirio,
temblorosa y desolada, la caricia de tu voz.

¡Oh, el olvido! El fondo oscuro de la noche del olvido,
donde guardan los cipreses el sepulcro del dolor!
Yo he buscado el fondo oscuro de la noche del olvido,
y la noche se poblaba con los ecos de tu voz...

...PERO TE AMO

Amado Nervo (México, 1870-1919)

Yo no sé nada de la vida,
yo no sé nada del destino,
yo no sé nada de la muerte;
¡pero te amo!

Según la buena lógica, tú eres luz extinguida;
mi devoción es loca; mi culto, desatino,
y hay una insensatez infinita en quererte;
¡pero te amo!

24 de julio de 1912

AMOR SÁDICO

Julio Herrera y Reissig (Uruguay, 1875-1910)

Ya no te amaba, sin dejar por eso
de amar la sombra de tu amor distante.
Ya no te amaba, y sin embargo el beso
de la repulsa nos unió un instante…

Agrio placer y bárbaro embeleso
crispó mi faz, me demudó el semblante.
Ya no te amaba, y me turbé, no obstante,
como una virgen en un bosque espeso.

Y ya perdida para siempre, al verte
anochecer en el eterno luto
—mudo el amor, el corazón inerte—,

huraño, atroz, inexorable, hirsuto…
¡Jamás viví como en aquella muerte,
nunca te amé como en aquel minuto!

AMADA, EL AURA DICE

Antonio Machado (España, 1875-1939)

Amada, el aura dice
tu pura veste blanca...
No te verán mis ojos;
¡mi corazón te aguarda!

El viento me ha traído
tu nombre en la mañana;
el eco de tus pasos
repite la montaña...
No te verán mis ojos;
¡mi corazón te aguarda!

En las sombrías torres
repican las campanas...
No te verán mis ojos;
¡mi corazón te aguarda!

Los golpes del martillo
dicen la negra caja;
y del sitio de la fosa,
los golpes de la azada...
No te verán mis ojos;
¡mi corazón te aguarda!

APAISEMENT

Manuel Magallanes Moure (Chile, 1878-1924)

Tus ojos y mis ojos se contemplan
en la quietud crepuscular.
Nos bebemos el alma lentamente
y se nos duerme el desear.

Como dos niños, que jamás supieron
de los ardores del amor,
en la paz de la tarde nos miramos
con novedad de corazón.

Violeta era el color de la montaña.
Ahora azul, azul está.
Era una soledad el cielo. Ahora
por él la luna de oro va.

Me sabes tuyo, te recuerdo mía.
Somos el hombre y la mujer.
Conscientes de ser nuestros, nos miramos
en el sereno atardecer.

Son del color del agua tus pupilas:
del color del agua del mar.
Desnuda, en ellas se sumerge mi alma,
con sed de amor y eternidad.

ELEGÍA PLATÓNICA

Porfirio Barba Jacob (Colombia, 1883-1942)

Amo a un joven de insólita pureza,
todo de lumbre cándida investido:
la vida en él un nuevo dios empieza,
y ella en él cobra número y sentido.

Él en su cotidiano movimiento
por ámbitos de bruma y gnomo y hada,
circunscribe las flámulas del viento
y el oro ufano en la espiga enarcada.

Ora fulgen los lagos por la estría…
Él es paz en el alba nemorosa.
Es canción en lo cóncavo del día.
Es lucero en el agua tenebrosa…

SERPENTINA

Delmira Agustini (Uruguay, 1886-1914)

En mis sueños de amor, ¡yo soy serpiente!
gliso y ondulo como una corriente;
dos píldoras de insomnio y de hipnotismo
son mis ojos; la punta del encanto
es mi lengua... ¡y atraigo con mi llanto!
        soy un pomo de abismo.

Mi cuerpo es una cinta de delicia,
glisa y ondula como una caricia...

Y en mis sueños de odio ¡soy serpiente!
mi lengua es una venenosa fuente;
mi testa es la luzbélica diadema,
haz de la muerte, en un fatal soslayo
son mis pupilas; y mi cuerpo en gema
        ¡es la vaina del rayo!

Si así sueño mi carne, así es mi mente:
un cuerpo largo, largo, de serpiente,
vibrando eterna, ¡voluptuosamente!

TUS DIENTES

Ramón López Velarde (México, 1888-1921)

Tus dientes son el pulcro y nimio litoral
por donde acompasadas navegan las sonrisas,
graduándose en los tumbos de un parco festival.

Sonríes gradualmente, como sonríe el agua
del mar, en la rizada fila de la marea,
y totalmente, como la tentativa de un
Fiat Lux para la noche del mortal que te vea.
Tus dientes son así la más cara presea.

Cuídalos con esmero, porque en ese cuidado
hay una trascendencia igual a la de un Papa
que retoca su encíclica y pule su cayado.

Cuida tus dientes, cónclave de granizos, cortejo
de espumas, sempiterna bonanza de una mina,
senado de cumplidas minucias astronómicas,
y maná con que sacia su hambre y su retina
la docena de Tribus que en tu voz se fascina.

Tus dientes lograrían, en una rebelión,
servir de proyectiles zodiacales al déspota
y hacer de los discordes gritos, un orfeón;

del motín y la ira, inofensivos juegos,
y de los sublevados, una turba de ciegos.

Bajo las sigilosas arcadas de tu encía,
como en un acueducto infinitesimal,
pudiera dignamente el más digno mortal
apacentar sus crespas ansias... hasta que truene
la trompeta del ángel en el Juicio Final.

Porque la tierra traga todo pulcro amuleto
y tus dientes de ídolo han de quedarse mondos
en la mueca erizada del hostil esqueleto,
yo los recojo aquí, por su dibujo neto
y su numen patricio, para el pasmo y la gloria
de la humanidad giratoria.

VERGÜENZA
Gabriela Mistral (Chile, 1889-1957)

Si tú me miras, yo me vuelvo hermosa
como la hierba a que bajó el rocío,
y desconocerán mi faz gloriosa
las altas casas cuando baje al río.

Tengo vergüenza de mi boca triste,
de mi voz rota y mis rodillas rudas;
ahora que me miraste y que viniste,
me encontré pobre y me palpé desnuda.

Ninguna piedra en el camino hallaste
más desnuda de luz en la alborada
que esta mujer a la que levantaste,
porque oíste su canto, la mirada.

Yo callaré para que no conozcan
mi dicha los que pasan por el llano,
en el fulgor que da a mi frente tosca
y en la tremolación que hay en mi mano…

Es noche y baja a la hierba el rocío;
mírame largo y habla con ternura,
¡que ya mañana, al descender al río,
la que besaste llevará hermosura!

LA FORMA DE QUERER TÚ

Pedro Salinas (España, 1891-1951)

La forma de querer tú
es dejarme que te quiera.
El sí con que te me rindes
es el silencio. Tus besos
son ofrecerme los labios
para que los bese yo.
Jamás palabras, abrazos,
me dirán que tú existías,
que me quisiste: jamás.
Me lo dicen hojas blancas,
mapas, augurios, teléfonos;
tú, no.
Y estoy abrazado a ti
sin preguntarte, de miedo
a que no sea verdad
que tú vives y me quieres.
Y estoy abrazado a ti
sin mirar y sin tocarte.
No vaya a ser que descubra
con preguntas, con caricias,
esa soledad inmensa
de quererte sólo yo.

PIENSO EN TU SEXO

César Vallejo (Perú, 1892-1938)

Pienso en tu sexo.
Simplificado el corazón, pienso en tu sexo,
ante el hijar maduro del día.
Palpo el botón de dicha, está en sazón.
Y muere un sentimiento antiguo
degenerado en seso.

Pienso en tu sexo, surco más prolífico
y armonioso que el vientre de la Sombra,
aunque la Muerte concibe y pare
de Dios mismo.
Oh Conciencia,
pienso, sí, en el bruto libre
que goza donde quiere, donde puede.

Oh, escándalo de miel de los crepúsculos.
Oh estruendo mudo.

¡Odumodneurtse!

LA FRONTERA

Vicente Aleixandre (España, 1898-1984)

Si miro tus ojos,
si acerco a tus ojos los míos,
¡oh, cómo leo en ellos retratado todo el pensamiento
    de mi soledad!
Ah, mi desconocida amante a quien día a día estrecho
    en los brazos.
Cuán delicadamente beso despacio, despacísimo, secretamente
    en tu piel
la delicada frontera que de mí te separa.
Piel preciosa, tibia, presentemente dulce, invisiblemente
    cerrada,
que tiene la contextura suave, el color, la entrega de la fina
    magnolia.
Su mismo perfume, que parece decir: "Tuya soy, heme
    entregada al ser que adoro
como una hoja leve, apenas resistente, toda aroma bajo
    sus labios frescos".
Pero no. Yo la beso, a tu piel, finísima, sutil, casi irreal
    bajo el rozar de mi boca,
y te siento del otro lado, inasible, imposible, rehusada,
detrás de tu frontera preciosa, de tu mágica piel inviolable,
separada de mí por tu superficie delicada, por tu severa
    magnolia
cuerpo encerrado débilmente en perfume

que me enloquece de distancia y que, envuelto rigurosamente,
   como una diosa de mí te aparta, bajo mis labios mortales.

Déjame entonces con mi beso recorrer la secreta cárcel
   de mi vivir,
piel pálida y olorosa, carnalidad de flor, ramo o perfume,
suave carnación que delicadamente te niega,
mientras cierro los ojos, en la tarde extinguiéndose,
ebrio de tus aromas remotos, inalcanzables,
dueño de ese pétalo entero que tu esencia me niega.

EL AMOR DUERME EN EL PECHO DEL POETA

Federico García Lorca (España, 1898-1936)

Tú nunca entenderás lo que te quiero
porque duermes en mí y estás dormido.
Yo te oculto llorando, perseguido
por una voz de penetrante acero.

Norma que agita igual carne y lucero
traspasa ya mi pecho dolorido
y las turbias palabras han mordido
las alas de tu espíritu severo.

Grupo de gente salta en los jardines
esperando tu cuerpo y mi agonía
en caballos de luz y verdes crines.

Pero sigue durmiendo, vida mía.
¡Oye mi sangre rota en los violines!
¡Mira que nos acechan todavía!

NO DECÍA PALABRAS

Luis Cernuda (España, 1902-1963)

No decía palabras,
acercaba tan sólo un cuerpo interrogante,
porque ignoraba que el deseo es una pregunta
cuya respuesta no existe,
una hoja cuya rama no existe,
un mundo cuyo cielo no existe.

La angustia se abre paso entre los huesos,
remonta por las venas
hasta abrirse en la piel,
surtidores de sueño
hechos carne en interrogación vuelta a las nubes.

Un roce al paso,
una mirada fugaz entre las sombras,
bastan para que el cuerpo se abra en dos,
ávido de recibir en sí mismo
otro cuerpo que sueñe;
mitad y mitad, sueño y sueño, carne y carne,
iguales en figura, iguales en amor, iguales en deseo.
Aunque sólo sea una esperanza,
porque el deseo es una pregunta cuya respuesta
    nadie sabe.

YO NO QUIERO MÁS LUZ QUE TU CUERPO ANTE EL MÍO

Miguel Hernández (España, 1910-1942)

Yo no quiero más luz que tu cuerpo ante el mío;
claridad absoluta, transparencia redonda.
Limpidez cuya entraña, como el fondo del río,
con el tiempo se afirma, con la sangre se ahonda.

¿Qué lucientes materias duraderas te han hecho,
corazón de alborada, carnación matutina?
Yo no quiero más día que el que exhala tu pecho.
Tu sangre es la mañana que jamás se termina.

No hay más luz que tu cuerpo, no hay más sol: todo ocaso.
Yo no veo las cosas a otra luz que tu frente.
La otra luz es fantasma, nada más, de tu paso.
Tu insondable mirada nunca gira al poniente.

Claridad sin posible declinar. Suma esencia
del fulgor que ni cede ni abandona la cumbre.
Juventud. Limpidez. Claridad. Transparencia
acercando los astros más lejanos de lumbre.

Claro cuerpo moreno de calor fecundante.
Hierba negra el origen; hierba negra las sienes.
Trago negro los ojos, la mirada distante.
Día azul. Noche clara. Sombra clara que vienes.

Yo no quiero más luz que tu sombra dorada
donde brotan anillos de una hierba sombría.
En mi sangre, fielmente por tu cuerpo abrasada,
para siempre es de noche: para siempre es de día.

EL AMOR
Efraín Huerta (México, 1914-1982)

El amor viene lento como la tierra negra,
como luz de doncella, como el aire del trigo.
Se parece a la lluvia lavando viejos árboles,
resucitando pájaros. Es blanquísimo y limpio,
larguísimo y sereno: veinte sonrisas claras,
un chorro de granizo o fría seda educada.

Es como el sol, el alba: una espiga muy grande.

Yo camino en silencio por donde lloran piedras
que quieren ser palomas, o estrellas,
o canarios: voy entre campanas.
Escucho los sollozos de los cuervos que mueren,
de negros perros semejantes a tristes golondrinas.

Yo camino buscando tu sonrisa de fiesta,
tu azul melancolía, tu garganta morena
y esa voz de cuchillo que domina mis nervios.

Ignorante de todo, llevo el rumbo del viento,
el olor de la niebla, el murmullo del tiempo.

Enséñame tu forma de gran lirio salvaje:
cómo viven tus brazos, cómo alienta tu pecho,

cómo en tus finas piernas siguen latiendo rosas
y en tus largos cabellos las dolientes violetas.
Yo camino buscando tu sonrisa de nube,
tu sonrisa de ala, tu sonrisa de fiebre.
Yo voy por el amor, por el heroico vino
que revienta los labios. Vengo de la tristeza,
de la agria cortesía que enmohece los ojos.

Pero el amor es lento, pero el amor es muerte
resignada y sombría: el amor es misterio,
es una luna parda, larga noche sin crímenes,
río de suicidas fríos y pensativos, fea
y perfecta maldad hija de una Poesía
que todavía rezuma lágrimas y bostezos,
oraciones y agua, bendiciones y penas.

Te busco por la lluvia creadora de violencias,
por la lluvia sonora de laureles y sombras,
amada tanto tiempo, tanto tiempo deseada,
finalmente destruida por un alba de odio.

QUE TANTO Y TANTO AMOR
SE PUDRA, OH DIOSES

Eduardo Lizalde (México, 1929-2022)

Que tanto y tanto amor se pudra, oh dioses;
que se pierda
tanto increíble amor.
Que nada quede, amigos,
de esos mares de amor,
de estas verduras pobres de las eras
que las vacas devoran
lamiendo el otro lado del césped,
lanzando a nuestros pastos
las manadas de hidras y langostas
de sus lenguas calientes.

Como si el verde pasto celestial,
el mismo océano, salado como arenque,
hirvieran.
Que tanto y tanto amor
y tanto vuelo entre unos cuerpos
al abordaje apenas de su lecho, se desplome.

Que una sola munición de estaño luminoso,
una bala pequeña,
un perdigón inocuo para un pato,
derrumbe al mismo tiempo todas las bandadas
y desgarre el cielo con sus plumas.

Que el oro mismo estalle sin motivo.
Que un amor capaz de convertir al sapo en rosa
se destroce.

Que tanto y tanto, una vez más, y tanto,
tanto imposible amor inexpresable,
nos vuelva tontos, monos sin sentido.

Que tanto amor queme sus naves
antes de llegar a tierra.

     Es esto, dioses, poderosos amigos, perros,
niños, animales domésticos, señores,
lo que duele.

NO ESTÁS EN NINGÚN LUGAR*
Mardonio Sinta (México, 1929-1990)

No estás en ningún lugar,
tu cuerpo es tu geografía.
Si en Puebla te oyen cantar,
en Suiza ven tu poesía
y si empiezas a bailar,
brilla tu espalda en Turquía.

En el Reloj del Gallito
el tiempo por ti pregunta.
Yo le digo "momentito"
y cual roja marabunta
desarmo en un segundito
al minuto que me apunta.

Tu voz se acerca rumbosa,
al aire intenta silbar.
Mi mente ya no reposa,
me olvido de respirar
y como un niño en la fosa
me dan ganas de llorar.

Hay una fruta madura
esperándote en la rama.
Líbrame de la amargura

con tus besitos de dama
y deja que tu cintura
se haga dueña de la cama.

Vente conmigo a bailar
que la noche está muy fría.
Tu ritmo me va a entibiar,
su pasión será mi guía
y si quieres olvidar
vamos a esperar el día.

¿Dónde está tu corazón?
¿En qué jaranas del viento?
Te busco en cada rincón,
te nombro a cada momento
y te dedico este son
para morirme contento.

---

* Mardonio Sinta fue un poeta popular, gozoso, bohemio, seductor, enamoradizo y bebedor feliz de cuanto alcohol encontrara en su camino; es un heterónimo del poeta mexicano Francisco Hernández y, vale apuntarlo, totalmente distinto a las obsesiones y temperaturas melancólicas, muchas veces depresivas de su creador.

SENTIDO DE SU AUSENCIA
Alejandra Pizarnik (Argentina, 1936-1972)

si yo me atrevo
a mirar y a decir
es por su sombra
unida tan suave
a mi nombre
allá lejos
en la lluvia
en mi memoria
por su rostro
que ardiendo en mi poema
dispersa hermosamente
un perfume
a amado rostro desaparecido

VEN, SEAMOS UN DESFILE DE CONCIENCIAS

Gilberto Castellanos (México, 1945-2010)

Ven, seamos un desfile de conciencias
flageladas, la vela cínica del naufragio,
aquel torso insatisfecho por los golpes,
así crecieron monarquías y soberbias,
lo deshumanizado del foete, metal
combustible en los bolsillos, lo sacro
en su almacén de secretos al futuro;
edad tras edad la pasión hizo altares,
carne de la historia, andar aherrojado;
el amor nunca pierde el sufrimiento,
trae poderío, rehace la devastación,
inventa suplicios que avisó el ayer.

PRINCIPIO DE LLOVIZNA

Juan Manz (México, 1945)

Porque tu recuerdo
   me responde
como un venado sorprendido
en su rito de agua
   y firmamento
     sé que te hace daño como a mí
este principio de llovizna

Estás sola como yo
   como yo
solo y condenado
a beberte a cuentagotas
a intimidad por referencia
cuando tu sexo hierve

Estamos solos   —la verdad—
arrojados al combate de la luz
   sin más armas
que un puñado de fuegos musicales
Solos de piel   huérfanos de manos
   pareados a distancia
por una luna igual
   que nos mira diferente
cada vez que se disfraza

AMOR EL MÁS OSCURO: II

Elsa Cross (México, 1946)

Viene la melancolía del principio,
días de incertidumbre y sueño.
Vienen sólo distantes tu risa y tu perfil
y abarcan mi deseo
y me vuelcan a tu rostro,
a tu vehemencia contenida.
Ya siento de algún modo
tus manos previstas de ternura
conduciéndome,
olvidándome,
dejando a medias para siempre mi destino.
Sé que otra vez me cercará la calma,
la soledad llena de amor,
tu nombre.
Quiero pronunciarlo tantas veces
como días tendré después para perderte en la
    memoria.
Pero qué lograría apartarme
si muestras la misma angustia que sustento,
la soledad de idéntico linaje,
la imperfecta voluntad de amor.
Para reconocernos
baste la oscura nostalgia socavándonos,
baste nuestra olvidada condición de amantes,

vocación de locura,
celda,
fuego.
Maldigo desde ahora
tu cuerpo cerrándome el abismo.
Sean el tedio y la tristeza,
sea apacible y humana tu mirada.
En este momento te amo para siempre
y van mis pasos hacia ti
para cumplir tu voluntad.

EXTRAÑO TU SEXO
Francisco Hernández (México, 1946)

Extraño tu sexo. Piso flores rosadas al caminar y extraño tu sexo.
En mis labios tu sexo se abre como fruta viva, como voraz
    molusco agonizante.
Piso flores negras al caminar y recuerdo el olor de tu sexo,
sus violentas marejadas de aroma, su coralina humedad
entre los carnosos crepúsculos del estío.
Piso flores translúcidas caídas de árboles sin corteza
    y extraño tu sexo ciñéndose a mi lengua.

POEMAS DE AMOR: 8

Darío Jaramillo Agudelo (Colombia, 1947)

Tu lengua, tu sabia lengua que inventa mi piel,
tu lengua de fuego que me incendia,
tu lengua que crea el instante de demencia, el delirio del
    cuerpo enamorado,
tu lengua, látigo sagrado, brasa dulce,
invocación de los incendios que me saca de mí, que me
    transforma,
tu lengua de carne sin pudores,
tu lengua de entrega que me demanda todo, tu muy mía lengua,
tu bella lengua que electriza mis labios, que vuelve tuyo mi
    cuerpo por ti purificado,
tu lengua que me explora y me descubre,
tu hermosa lengua que también sabe decir que me ama.

BARCA DE COBRE

Antonio Deltoro (México, 1947)

a Mariángela

Aquí en esta cama, barca de cobre, nuestros sexos se inflan,
mástil, vela; nuestras pieles se juntan, nuestras lenguas
   en el pasmo se encuentran;
algo sucede en otros mares, otras olas se mueven.
Nuestras pieles se unen también por sus vacíos,
caleidoscopios que abren vientos de luz,
ventanas y puertas sin tocar cristal o picaporte.
Nos estremecemos en ojos, axilas, vientres,
caerse juntos es caerse sin caerse.
Ojos de búho, tus pezones en la noche iluminan
mi insomnio, quiero otra vez entrar por tus pupilas,
sumergirme en la laguna negra, en el cráter poblado
   de humedades
donde los gritos resuenan: las obscenidades vienen también
   con la ternura.
Me veo en ti, quiero entrar por tu boca, llenarte de saliva
   simultánea.
En mis muchos pedazos de placer ya no espero descanso;
dedos, lenguas, mentones recorren columnas vertebrales.
Tu piel abre tajos de amor, me arroja a la inquietud del viaje.

AMANECER

Miguel Ángel Flores (México, 1948-2018)

Despertar: asombro de encontrarse vivo.
En la humedad de las losas frías
las plantas de los pies sienten
la revelación del día.
Atisbo la claridad: el alba despojando
a las sombras de su reino.
La luz devuelve el trazo de tu cuerpo
y sobre la sábana blanca eres un signo
indescifrable,
llama en reposo.
En este instante alguien más respira
el alba, pero sólo yo gozo tu imagen.

El sol se yergue sobre el firmamento.
Y a nuestra orilla pasa como el agua
la corriente de las horas,
mas tú quedas anclada entre mis brazos.
Y eres pura
como el mirlo que inventa la mañana.

UNA CARTA DEMASIADO TARDÍA

Marco Antonio Campos (México, 1949)

> *Contudo, esto é uma carta.*
> CARLOS DRUMMOND DE ANDRADE,
> "Carta"

No sé en verdad si esto sea una carta.
No sé si disculparme por el retraso
de la explicación, ni si te importan
disculpa o explicación. ¿Para qué
hacerlo después de veintisiete años
cuando ya una vida se hizo o se deshizo
y nosotros sólo soñábamos hacerla?
Quizá por eso. Quizá porque contigo
yo habría hecho una vida real
y no este mundo sin casa que he desecho.
Desde hace días o semanas
los recuerdos me ciegan como un pozo,
y vuelves callada, quieta,
inmensamente quieta y luz en el diciembre
horizontal y frío, y allí te quedas.
A cierta edad los recuerdos se vuelven
como las flechas de San Sebastián
pero disparadas sólo al corazón.
Tenías diecisiete años,
edad clarísima de las ventanas,
y eras tenue para que los álamos no olvidaran
esbeltez ni linaje de luna.

Podría decir, con el estilo del melodrama
mexicano: "Amaba a otra", y era cierto,
humanamente cierto, pero ahora aquí,
queriendo ver desde mi casa las montañas
del Ajusco, me digo, me digo que eras
la que pudo dar, no el país de maravillas
(como tu nombre lo dice), pero sí
una vida lúcida, leve, quizá feliz.
Eso me hago suponer. Supongo.
Creo sentir alivio al escribir estas líneas.
Son del todo sinceras pero inútiles,
porque lo que fui destruyendo
no se puede explicar en un poema.
Tampoco me sueño en sueños de entonces,
porque ya hace años, cinco o diez, que no
tengo sueños. Tampoco me hago ilusiones,
aunque lo diga a menudo, sabiendo que engaño
o me engaño, mientras miro mi cuerpo como reloj
que marca las cinco y media de la tarde.
Hoy por hoy sólo aspiro a terminar una obra
(mala o buena), hacer a los otros algún bien
en lo que puedo, y viajar por un mundo que
a veces me cansa más de lo que me maravilla.
No sé, como te dije, si esto sea una carta.
Tal vez no la vayas a leer (lo más probable),
y no sé si decir: "Te quise", o "Me equivoqué",
o "Cómo quitarte la begonia". No sé siquiera,
no sé, qué fue del bosque cortado a ras del bosque.
No lo sé. Pero te dejo estas líneas:
Tómalas, aunque no las leas.

1995

AFTER AUDEN

David Huerta (México, 1949-2022)

> If equal affection cannot be,
> Let the more loving one be me.

1

Si dos se quieren de veras
es imposible, no obstante,
que brille igual el diamante
sobre la espiga y las eras.
Leyes de Amor verdaderas
proclaman inequidades.
Ante el mundo y las edades,
yo sólo digo que quiero
ser el más amante. Espero
me lo otorguen las deidades.

2

Si en el amor igualdad
no es posible, pido ahora
—en esta inestable hora—
un poco de eternidad.
En la abierta claridad
de mis palabras quisiera
decir todo lo que espera
mi deseo más profundo:

ser quien más ama. En el mundo
no habrá dicha tan certera.

3
Si no es posible, en amor,
corresponder igualmente
con la piel y con la mente,
diré cuál será mi honor:
vivir con ávido ardor
como el más amante. Quiero
tal don del cielo y espero
me favorezca y conceda
este fuego y esta seda
para mi imán y tu acero.

EN LO EXISTIDO

Eduardo Hurtado (México, 1950)

1

Tu cuerpo: lo que nace:
las mañanas o albor
que lo desnudan:
codo del río, paisaje
con colinas
        que han de ser.

El sol entre tu sexo,
        luz en brama,
discurre fábulas
de hondura,
el fin de la fatiga.

2

Prismas minúsculos
cortan la sombra:
forman grietas, se incendian,
hacen tu rostro
    y tu figura.

3

Onda liviana y lúcida,
presagio del asombro:

vienes de un mar
al mar antípoda,
sabia de haber franqueado
las fronteras del alba,
el umbral del olvido.

4
Soñaba o pude verte
radiante como un loto
bajo la lluvia nueva.
Hoy, hendido por un corte
de hoja fina,
te busco en la leyenda
/y te vuelvo a encontrar
en lo existido.

5
Porque otro día es nunca,
omisión, borradura,
guárdame dentro, cuéceme,
horno que se foguea
bajo el peso imparcial
de cada dedo.
Dame tu oscuro, tu flanco
más izquierdo,
la sangre,
los humores,
el cuerpo de las almas
que te habitan.

POR LA CANDENTE ARENA

José Luis Rivas (México, 1950)

Por la candente arena
te paseas.
Morena es tu piel,
cimbreante…

Olas, desnudas olas
en tus muslos se alhajan.

Ah, muchacha,
el mar te envuelve con su malla.

Contra tus pechos en sazón,
endereza su cresta
una ola…

Manos que van
detrás de una caricia…

La luna y su ademán de fiebre.

¡Qué mundo tan ajeno
te unge,
acezante,
con su espuma!

La luna
realza las fogatas
y la sangre tumultuosa
me pone en pie de un salto.

Vas al encuentro de otra ola…

Rauda,
de espaldas
como si esquiaras en el río,
vuelves
a mis brazos:

¡milagro súbitamente
concedido,
oferta palpitante,

mía de cierto!

EN LA HUMEDAD CIFRADA

Coral Bracho (México, 1951)

Oigo tu cuerpo con la avidez abrevada y tranquila
de quien se impregna (de quien
emerge,
de quien se extiende saturado,
recorrido
de esperma) en la humedad
cifrada (suave oráculo espeso; templo)
en los limos, embalses tibios, deltas,
de su origen; bebo (sus remansos despiertos
y desbordados; en tus costas lascivas
—termas bullentes— landas) los designios musgosos,
tus savias densas
(parva de lianas ebrias) Huelo
en tus valles profundos, expectantes, las brasas,
en tus selvas untuosas,
las vertientes. Oigo (tu semen táctil) los veneros, las fraguas,
(ábside fértil) Toco
en tus ciénegas vivas, en tus bosques: los rastros;
          en su trama envolvente: los indicios
(Abro
a tus muslos ungidos, rezumantes; escanciados de luz) Oigo
en tus légamos agrios, a tu orilla: los palpos, los augurios
—siglas inmersas; blastos—. En tus atrios:
las huellas vítreas, las libaciones (glebas fecundas),
los hervideros.

SIXTO

Luis Antonio de Villena (España, 1951)

Estabas en una esquina de Recoletos,
al caer de la tarde al final de un verano pretérito.
(No tardé en aprender lo que significaba una esquina.)
Eras tan hermoso, tan dulce
como un dibujo persa. Alto, joven, esbelto…
Los ojos grandes como oscuras lunas.
La perfección, a veces, se alinea con la pobreza.
Fuiste (años y meses, a saltos)
el amor de mi vida, que no era amor del todo,
y la pasión de mi sangre y de mi sexo
que en ti ardía y florecía como una flor roja.
Aunque nos tratamos a menudo
siempre me reprocharé no haberte seguido,
no haber intentado cuidarte más,
no haber involucrado mi vida en tu vida…
Creo que hace algo más de veinte años
la última vez que nos vimos.
(Funcionaban, aún, las viejas complicidades).
En tu vida todo había sido aventura
y la aventura seguía…
A veces sueño que voy a volver a verte
(aunque ya habrás pasado los 50)
y más a menudo me asalta la idea
de que será mejor que ello no ocurra nunca…

Que tantos instantes de dicha
queden en el brillante álbum del pasado donde habitan.
Carece de sentido que yo diga cuál ha sido
—si ha sido— el amor de mi vida, tan escasa de amor.
Pero sé amable y acepta (si lo ves o lo oyes)
que yo diga que tú, el chico hermoso de la antigua esquina,
tú fuiste, de veras, de verdad, audazmente,
el gran, el verdadero, el más dulce amor de mi vida…
Ahora que sexo y amor se desvanecen y que tú,
a tu modo (¡buena suerte!)
seguirás, como siempre, en el mar de la aventura.

COMO QUIEN QUITA PIEL A UN FRUTO

Adolfo Castañón (México, 1952)

Si eres fruta
come los labios que te comen
y dibujan rombos entre dos lenguas
que se trenzan en su bóveda boca.

Al adentrarme en ti
me abro y estrellas
al ir hacia tus brasas yelo.

Mis ojos te oyen ulular
mientras te agito como una bandera
tiembla en su fuego
tus dientes se hacen ojos.

Soy polvo bailando
al compás de tu soplo
cicatriz enamorada
llaga cantarina.

De tanto que muero muerdes
Caigo desaliento
de tanto subirte
(El placer juega
a los palos chinos).

Nos ahogamos uno al otro
Delfines surcando espumas
ángeles de hielo en vilo
espejismos entre rocas
riscos altaneros.

Apenas cierro los ojos
llega tu eco quitándose
la piel como una fruta.

Este alfabeto se escribe
y lee desde ambos lados del espejo
sus letras rasguñan instantes entredientes
No hay pausa no
Dime que ya no.

Diciembre de 2013

TATTOO

Eduardo Langagne (México, 1952)

Leí las letras pequeñitas del tatuaje en su espalda,
olí la flor que adornaba su tobillo.

Los nuevos días trajeron para ella otros tatuajes,
otros miraron sus flores del tobillo,
leyeron las letras pequeñitas de su espalda.

Quedará en mi memoria el brillo de sus ojos:
la luna era un tatuaje en sus pupilas.

DE PRONTO ME SORPRENDO

Alicia García Bergua (México, 1954)

> Ese que no seré se me adelanta
> y se vuelve hacia mí, de vez en cuando,
> para ver si yo estoy interpretando
> sus huellas, siempre huérfanas de planta.
>
> FRANCISCO JOSÉ CRUZ

De pronto me sorprendo
abrazada al sillón que utilizabas,
abarcando tu hueco,
no sabiendo qué hacer,
sólo llorar
en este paraíso que dejaste,
del que me tengo que ir
para poder rehacerme.
Pienso que el tiempo
cerrará tu hueco;
sólo mi mente lo llevará consigo
casi sin darme cuenta.

DESEADA, CIEGO

Francisco Martínez Negrete (México, 1954-2016)

Deseada, ciego
avanzo hacia la llama
interna, poderosa
de tu imagen

ya mi rostro se incendia entre tu pelo
ya mis labios se prenden de tus labios

ya se abren tus alas
para invitarme adentro

ya tu carne es mi carne
delirio transparente
de líquidos cristales

ya se avivan las bestias del orgasmo
su ávida jauría
recorre nuestros nervios erizados

hasta la incandescencia

BALADA DE LA MONTAÑA DEL ORGASMO

Margarito Cuéllar (México, 1956)

Viajamos extasiados a la altura luminosa
a donde llegan sonidos difíciles de clasificar.
Clamores   espasmos predeterminados
onomatopeyas ardientes
dejan su aroma a sándalo en el césped.

Vamos a nuestros sueños
no importan riesgos
ni el precio a pagar.

Algunos cumpliremos la mayoría de edad
allá donde la energía se reinventa
las hormonas enloquecen
y la felicidad explota.

TE BESARÉ LARGAMENTE

Minerva Margarita Villarreal (México, 1957-2019)

Te besaré largamente
mis animales sueltos en el interior de tus sentidos
amándote en tus entrañas
como esquirlas de luz
Te besaré
atravesaré tu cielo
me internaré en tus ramas
circularé en tus líquidos
surgiré de la yema de la corteza de tu tronco
me alimentaré de tu jardín
Tu voz en las colinas
y los campos inmensos
como tú los pensaste
tus animales sueltos en el interior de mis sentidos
amándome en mis entrañas
como certeza
como fruto   como señal de territorio
Tu voz en las colinas
y los campos inmensos
bajo este cielo púrpura
esta delicia o cause a mitad de la lluvia
a mitad del océano
porque tu árbol enraíza
en medio de mi vientre

y esta tierra te vive
en el principio y fin.

PROMESA

Francisco Segovia (México, 1958)

¿Qué te ha hecho cerrar los ojos
tumbada en la humedad
del musgo y la hojarasca
sabiendo que te miro a todas luces
como una sombra —a la vez tendido
y levantado— sobre el humus?

Cierras los ojos y te dejas abrazar
—no por el bosque y su robusta presencia
inobjetable
sino por todo lo que en él queda incumplido
y se asienta entre nosotros
como una nostalgia y a la vez una promesa.

¿Es eso entonces hoy lo que te mueve
a cerrar los ojos y tender los brazos
mientras apartas entre sí las dos rodillas?

EL TODO NADA

José Ángel Leyva (México, 1958)

Nadar en ti
     abrir el agua
ser una gota más en tus entrañas
Sumarme al líquido que bebes
empujas centrifugas centriabrazas
Nadar en ti llevándote en el cuerpo
Sentir que nadas al revés por fuera y dentro
y en el jadeo del agua mis brazos respirando

Sin prisa alguna voy por las vertientes
La novedad fluye monótona en mi oído
Escucho las últimas noticias de tus sueños
en un centro que cambia de formas y estaciones

Deslizo en el cauce mi extrañeza
Me empujo hacia ti contracorriente
con la quilla del pecho a la mitad del tuyo
abriendo paso al corazón y el rostro
en este espejo de placer donde me encuentro
y me pierdo en tu cara y tu resuello

Empujo aún como si el agua
que viene de allá me succionara
Me dejo llevar horizontal por ese ritmo

de galeote que sube y baja en los pulmones
El latido vertical parte del lecho
donde pongo los ojos a explorar
las vetas de un azul caleidoscopio
El pulso en expansión baña por dentro
hiende mi propia liquidez compacta
revuelve mis piernas y mis brazos

En un deslizar constante de agua sobre agua
se convierte mi fuerza en tus caderas
Tan corporal nada mi ego
que nada de mí piensa ni existe
Yo soy la sombra de timón obsesionada
que se deshace en ti por fuera y dentro

EN MAÑANAS COMO ÉSTA

José Javier Villarreal (México, 1959)

He sentido la tristeza en tus ojos,
la luz de mi casa apagada a todas horas,
el jardín que duerme junto a tu olvido.
En mañanas como ésta, cuando miro fijamente el mar,
tu rostro desaparece de la ventana,
te empiezo a perder en la brillantez salada de la espuma.
Te sé sobre la arena envuelta en una soledad más que violenta,
en una madrugada de hombres solos y de playas desiertas.
En mañanas como ésta
en que el amanecer no significa gran cosa
tu cuerpo invade mi cuerpo como la marea cansada de mojar
    la misma piedra.

BONSÁI: UN LIBRO BAJO LA ALMOHADA
Luis Armenta Malpica (México, 1961)

El diario empieza
aquí:
donde tus ojos esperan
el relámpago.

Una delgada línea roja
dividirá
la carne + la poesía.

El diario empieza
aquí:
donde tus ojos
ven cruzar la navaja
y el potente rugido de su vuelo ascendente.

Boqueas toda la asfixia de la sangre
y en la piel no se mueve ningún signo. El alfabeto
se repite en nosotros como se calla un beso
y es el aire y la angustia y el impulso
lo que te vuelve un pez de tan humano.

Boqueas todo ese semen
que gira con sus hélices
hacia un destino más adentro de ti

más allá de ese glande inflamado de tinta
que te desaparece y te revela.

Boqueas una orfandad tan blanca
como el poema: en el rompecabezas
de tu vocabulario gotean esos trazos del animal
que se forma en tu piel y se transforma
en ti: en algo más que yo: en un nosotros
que nos desaparece.

Boqueas ese vitral
en cuya curvatura se forma un camaleón
un doble vibratorio de astillas y fragmentos
palabras separadas de una en una
hasta formar un bosque o un infierno.

Boqueas, por fin
un dolor que atravesó la página
desde sus catacumbas: esa noche más láctea
y tan inmóvil. Ceniza de la tinta
que hasta decir mi nombre se consume.

Hasta aquí
el poema : la primera palabra
por caer
en tu piel.

Después vendrán los sueños
que tuvo Kurosawa
por si acaso dormimos.

Pero antes
sólo un árbol :

[inserte aquí un bonsái]

LAS FLORES VIEJAS RECIBEN
DE LAS JÓVENES
María Baranda (México, 1962)

Las flores viejas reciben de las jóvenes
el polen de la aurora, como la sed
que se desprende la primera lluvia.

Yo no pretendo por ti ser otra cosa
que la nube fecunda de esta cópula,
el vértigo sagrado en que me miras
mirarte desde aquí como una loba.
No puedo dar licencia a mis demonios
que en plena voluntad son mi fragancia
de ser uno en el otro siendo oscuros
en la culpa divina de este desposorio.
Acércame hacia ti con sutileza
y déjame a la sombra de este mundo
que todo ya por ti se paraliza
y en pensamiento principio y fin
se vuelven polvo. Que la sangre
de mi cuerpo sea tu sangre, y el aire
de mi aire sea tu soplo. Te quiero
a ti sangrientamente así tan lúcido
por donde salen y entran las luciérnagas
volando como locas vaporosas
en el arrobamiento de ser favorecida

gozándome en esto que yo soy
siendo bendita: hambre
en el hambre en cumplimiento
de ser sólo una bestia
de paso por el mundo.

ASÍ ES MI CUERPO CONTIGO

Mara Romero (México, 1962)

Así es mi cuerpo contigo.
¿Te dije?
Andamio de piel,
inocencia disuelta,
ardor relampagueante,
parpadeo de mis piernas
rito…
Tu humor que embriaga
y convoca caudaloso
la siembra de mi boca.

ÁNGELUS

Silvia Eugenia Castillero (México, 1963)

Era, no era
un jardín.
Era el inicio.
Volteamos en la noche la esquina
sumergida, en ahogo casi
bajo la crecida de la enredadera.
Era desbocada la corriente.
Eran tus sílabas.
Tus verbos.
Era tu mano amplia.
Era un aguacero dentro.
Era ya de una vez la nostalgia de tu tacto.
Y la vida.
Era un peñasco en desbandada.
Eran tus dedos.
Era el tiempo: duraba.
Era esa esquina.
Era, no era
el inicio.
Era este día sin esquina.
Eran los instantes arrebatados.
Caídos.
Era tu silueta gastada.
Eras el dios nocturno.

Desde la cúpula, en la capilla
—en cada gotear de la luz sobre lo negro—
eres la razón de arrodillarme.

OTRO AMOR LOCO

Salvador Alanís (México, 1964)

1.
En la demencia
un olor humedece
mi nariz perdida
en la oscuridad.

2.
Toda caverna es un enigma.
El horizonte llama a los ausentes.

3.
Cuando me encontré solo
tiraba de mis ropas con fuerza
hasta desgarrar la atadura final
de mi furia.

4.
Abro los ojos y rezo.
Me lanzo bocarriba bajo el manantial sucio
de la fuente que obstruye mi vista a borbotones.

5.
Te miré con ternura.
Tú cantabas con los brazos en el aire

que apretaba las lavandas.
Mis manos espantaban las moscas que mordían mi piel
    expuesta,
encogido tras las ramas; te vigilo.

6.
Estuve saltando frente a los trenes.
Mis pies sangraban en la grava
y sentí que te encontraba.
Todas las noches extrañé tu olor
que aún no conozco y que siento
en la humedad y el cieno.
Me falta el aire a cada salto,
me falta el aire a cada salto,
me falta el aire a cada salto,
me ahogo.
Tu olor me envuelve en la noche que no llega,
tu piel tiembla en mis muslos que no te conocen.
Estoy furioso.
Sonrío.

7.
En el verano estuve rascando la tierra.
Ahí sentí que te encontraba.

8.
Esa serás tú,
la que te escondes a plena luz,
en tu luz, enlazada a la marea de mis ruegos
que no te alcanzan.
Rasco la tierra y te invoco.

En la tierra, los surcos y tu huella inventada.
En la distancia infranqueable
eres mía.

RELOJ DE SOL

Armando López Carillo (México, 1965)

El cielo no gira, oscila,
como un péndulo que vuelve,
es una crónica de tu sombra
sobre el suelo de otras sombras,
es una bóveda ciega y bajo ella
eres el eje de un reloj de sol.

Vives atada a la tierra,
asomada al fondo del medio día,
tu breve latitud es el tiempo.

Mira al oriente.
Desde tus pies va una banda oscura
que cruza toda mi casa.
Es tu sombra buscando su vértice,
la noche viene morada y veremos
los mismos planetas que ayer giraban.
Dobla otra vez los ojos para verla.

AQUÍ EN ESTA TIERRA
Juan Felipe Robledo (Colombia, 1968)

Para Catalina González

Si estuvieras bañada por la luz inconsútil de la eternidad,
   del ideal,
no serías tan cercana, y dudas no habría en mi corazón falible.
No estarías viva, entonces,
y no sabría del sonido de tu risa,
ni del roce de tus muslos en la tarde.

Si te hubieras quedado en el otro lado, más allá del foso,
jamás habría conocido tu generosa entrega,
tu cercanía que se hace dicha,
y no sabría del abril diminuto que se guarda en tu alma.

Si las mañanas no me entregaran tu voz, tu rostro,
grande y estéril sería el mundo,
y no nos habríamos alegrado bajo la lluvia,
compartiendo las gotas que se quedan a besar tu nariz.

Hoy es otra la historia,
y en el rumor sordo del tiempo
voy descubriendo una bendición
que tu pequeña mano conoce.

CUANDO EL CUERPO EN EL ALMA
QUEDA PRESO

Marcos Davison (México, 1969)

Cuando el cuerpo en el alma queda preso
y continúa triste y anhelante,
con esto considera ser amante
y dispone en pasión su propio peso,

sin fatiga, sin fondo, sin regreso,
igual que tu fantasma y que este instante,
la misma piel herida, Dios mediante,
cavando en la penumbra el primer beso,

costillas hacia adentro, de otro lado,
y del otro y del otro hasta lo hueco,
como amor que te forma iluminado

y anega con su aliento tu mar seco,
espacio de la sal deshabitado,
residuos de la voz que fueron eco.

EN ESA LUZ

Alejandro Ortiz González (México, 1969)

La mirada y el recuerdo
se cruzan en un trazo
que deja un rastro espeso de ceniza,
en el péndulo se mecen dos vidas que son una,
entrelazadas…

El cuerpo se adivina en el recuerdo,
en la mirada que apenas reconocemos:
Dos cuerpos alterados, alternados, en un aliento común…

Dos cuerpos que son uno,
se encuentran en silencio,
se escuchan con los ojos,
se abrazan con las manos,
se adelgazan y se ensanchan
como el rastro de una mancha de tinta
que se expande sigilosa por la caja negra y la pantalla…

Dos cuerpos que son uno que son tres o seis o mil,
se tocan y la materia se crea y se destruye lentamente,
hasta volver a la luz, de donde vino…

Dos cuerpos ocupan el mismo espacio, al mismo tiempo,
un cuerpo habita dos espacios simultáneamente,

en un paisaje sonoro situado
en un lugar que no es aquí ni allá.

Dos cuerpos coaligados se comportan de distinta forma
ante los ojos ajenos:
El pudor y el placer dilata su entusiasmo.

La mano se desplaza y se enamora de sí misma,
se toca en otro plano,
desata un accidente,
una falla en el código,
se mira en un espejo,
el rostro de otro tú,
que es yo,
el dedo que dibuja sobre el vaho condensado en el cristal.

La vida es una mancha que nos atraviesa…
y sólo queda el polvo de la memoria
bailando en el espacio.

Dos cuerpos que son uno, anomalía cómplice,
dos cuerpos que son humo,
que son trazo efímero, distorsión y hallazgo,
dos cuerpos que son ritmo y pasmo y gesto cotidiano…

Dos cuerpos que son magia
inician una conversación sin palabras,
en un continuo sin pausa.

ES
Julio Trujillo (México, 1969)

> No es la mujer, es el sexo.
> No es el sexo, es el instante
> —la locura de dividirlo.
> PAUL VALÉRY

Es
—¿soy?—
eso que está dejando ya de ser
pero que empuja con su *pero* moribundo.
Eso que brilla y canta
su agonía,
el prisma del aliento,
la chispa antepenúltima
de lo nacido,
rayo
verdísimo del sol antes de ahogarse.
Es
ser cuatro, dos
y un ojo,
cuarenta dedos pero un solo tacto
recordándose,
un arco solo para atravesar,
por un mortal instante,
la herida abierta por la rasgadura,
el tajo que

nos desbarrancó.
Dos cuerpos liberados de la mente,
hambres,
voracidades que se sacian penetrando
y siendo penetradas,
olfatos que ya son
aquello que olfatean.
Es
desanudarse y distinguir
a la persona atrás de las pupilas,
otra,
mitad complementaria,
cuenco
para poner ahí la sed,
horma del ansia, arcilla
del deseo,
tú,
hoguera a la que tiendo,
fronda que ahora puedo ver,
único norte en esta loca brújula,
mujer.

EL ÁNGEL DE RODILLAS

José Manuel Mateo (México, 1970)

si
levantas
la falda
(poco a poco)
si
la tela
bajas
(media pierna)
olvidaré
el desdén
de tu vulva fresa
(tan seria
en su papel
de abeja reina)

PAN DE MÍA

Ricardo Muñoz Munguía (México, 1970)

El ocre de pandemia nos arrincona
y nos envuelve en el sitio donde paredes de piel,
de piel cada vez más enfurecida y hambrienta,
cobra memoria para aliviarse,
nutrirse y humedecer su epidermis
con el eco de caricias que llegaron a mí
y hoy son río de memoria, corriente que arrastra los días
cuando tus pechos eran habitados con mi rastro
que dejo en los montes donde hoy se posa esta mirada,
que avanza hacia tu boca cubierta, que siempre debió vestirse
como lo hacen los territorios que abres a nuestro encuentro,
hogar de mis deseos, sitio único donde las almas se besan.
Pan de Mía, pan de Mujer mía, de mi pan,
de mi rumbo y mi destino donde el coronavirus se queda
    sin corona,
donde descubro que en mi interior también estás,
donde te vivo y gozo, donde sepulto nuestros días y noches
en este campo que llegas a vivir y plantar sueños
con la humedad de tu cuerpo desnudo,
de tu alma gloriosa que celebra su eterno lugar
donde te guardas en los infinitos brazos del placer
y el gozo que entinta la brillantez de esta casa de memoria.
Y si en este árido presente te escribo,
es desde el espíritu que te nombra,

te cita sobre el papel en blanco que, al enfrentarme
    a su textura,
lo hago con el ánimo del vigor del recuerdo,
pues su expresión de la nada, su vacío sobre su áspera piel
también es su fina razón que revela la honda esencia.
Es entonces que brotas para cerrarme los ojos
y tocas con todo tu ser mi memoria para recorrer esta sangre,
así como los deseos,
hasta llegar al total abrigo que tus manos mariposas entregan,
de tu boca brava, de tu centro manantial,
de tus muslos feroces, de tu ciudad que habito.

ABRO LOS LABIOS

Luis Marcelo Pérez (Uruguay, 1971)

Abro los labios
arrodillado
en la indefensa humedad
de su cuerpo
que sin tregua se retuerce
desnudo, seguro
sin límites.

DOS DE LA TARDE

María Rivera (México, 1971)

No quiero entonces, tu nombre sobre el suyo
ni sus sacos ni maneras confundidas,
ni el aleteo terrible de sus voces en mi oído,
ni el amor desconsolado en mis pupilas,
no, no quiero, otro muerto súbito, insepulto
yendo a acostarse entre mis muslos.
(Aunque esa geografía anime las preguntas).

Me pesa el cuerpo, sus botones,
la cuerda que es para el suplicio,
los abscesos, las hernias y la boca
del estómago abrasada por el fuego.

No dejes que me marche, interfiere
en este llanto, que no tiene ni margen
ni compuerta. No hieras con tu voz
la sinalefa: sé Dios para el Lázaro de mí.

CÓMO SE COME UNA OSTRA

Néstor E. Rodríguez (República Dominicana, 1971)

La escena que te atraviesa,
esa mandorla que recorre
lujuriosa tu carne
ligeramente azulada
por los fuegos de artificio,
dimensiona el asomo
de una cercanía,
el contorno que va
del acaso a lo posible,
y de lo posible a las vetas
de una continuidad.
Lo que se escapa de ti,
lo que se desborda
en tenue cauce
por el ocre verdoso
de tu curiosidad,
no calla ni vaticina,
es sólo un estar ahí,
suspendido e ignoto,
asordinando el fragor
de remotas mareas.

EDAD DE BRONCE

Jorge Ortega (México, 1972)

Entre las cavidades de la sábana
tu corva es un edén inexplorado,
playa de arena oscura, cenicienta,
bajo la eterna ronda de los astros.
Hay signos de solsticio en la recámara,
lo indica el tibio estanque de tu piel
bruñida por la sal del nomadismo;
igual vibra el calor en la ventana.
Despertar junto al monte de tu cuerpo
mientras se desperezan las cigarras
y encienden con el ascua de su acorde
la silenciosa mecha del presagio…
Duermen las cosas y los seres vivos.
El dique de tu espalda me contempla
en el amanecer del primer hombre
arado por el pasmo y la extrañeza.

ORACIÓN
Catalina González Restrepo (Colombia, 1976)

De pronto,
cuando menos lo esperas,
se abre una puerta.

Un umbral que ya conocías
pero no habías atravesado.

Te dejas caer
y encuentras a alguien
que no habías imaginado.

Te gusta su sabor,
regresas una y otra vez
y quisieras que nunca termine.

Podrías rogar, suplicar,
pero él se ha ido
antes de que pronuncies
la primera palabra.

(POR ESO LO EXPULSARON DE LA PRIMARIA)

Hernán Bravo Varela (México, 1979)

La cosa era tocarse y no entender
que en el baño, bajada la bragueta
de tres compañeritos, la alcahueta
era el cuarto que hacía de mujer.

Se puso aretes y sacó un brasier
de la mochila. Ya sin camiseta
falseó la voz, se hizo llamar "Violeta".
Los otros se tocaban sin saber

cómo aplaudir. Poco después durante
el primer acto (la transformación
del niño en bailarina), el ayudante

de limpieza entró al baño. La afición
se subió la bragueta en el instante
que "Violeta" entendía su función.

TRAS SU AMOR DE BERENJENA

Miguel Moncada (México, 1981)

Anduve ebrio por las calles tras su rastro,
buscando su perfume de luna sangrienta
embrujándome la piel.
La observaba a lo lejos, delgada
como vela silenciosa que me hablaba.
Caminé hasta ella, quiero decir detrás de ella
como se va detrás de un sueño enredadera
que inunda los ojos y la sed.
Crucé con pies de plomo calles
y riachuelos sucios, siempre delirante
de ella y sus negros vestidos,
sus uñas rojas,
su cabello larguísimo de hielo.
Por ella me corté las noches y sangré
como un arcoíris de doble fondo.
Arriba los dioses me veían
correr tras su amor de berenjena
y reían y reían
mientras yo seguía vagando
como un perro ciego
hipnotizado por su olor.

SÓLO TE SOÑÉ

Carol Rivas (Venezuela, 1982)

Melodía extasiada de cuerpos que convergen,
lenguas ondulantes ahogadas en lujuria
de amantes ardientes, criminales e impuros
que se alivian despacio sobre lagos voluptuosos.

Pluma rígida que ahonda en mi centro,
ajusticia el deseo con lumbre y pasión,
leño que resbala sobre un vientre níveo
mordiscos que devoran el sexo germinado.

Cabalgo sobre el duro relámpago nocturno
en la esquina lacrimal de una luna ardorosa,
embistes con tu sexo la vulva cardiaca
de inocencia desnuda, pudor enmascarado.

Himen alucinante ahíto de lisonjas,
manos ahuecadas desdeñan el tiempo,
almohada que despierta en el sudor febril
de mis ojos que maldicen la quimera de la noche.

Te soñé… sólo te soñé.

ESTRELLA DE DOS LLAMAS

Audomaro Hidalgo (México, 1983)

Un hombre y una mujer se desnudan,
sus sombras en la cal del muro
crecen juntas, crepitan enlazadas,
avivadas por el aire en silencio,
por la invisible leña de la muerte
que en torno a ellos arde hasta el techo.

Un hombre y una mujer a estas horas
son el núcleo incandescente del mundo;
dos astros peregrinos concertándose;
se aman y se despojan de palabras,
la costra de los nombres se desprenden,
la piel es ya otro mapa del deseo.

Un hombre y una mujer a solas en la tierra,
desnudos de la desnudez más clara,
inmersos en el río ciego de las caricias,
en la noche rotacional de un cuarto
sólo hablan sus cuerpos, constelados:
estrella de dos llamas que colapsan.

GOLEM

Juan Pablo Bertazza (Argentina, 1983)

Cuando creo que puedo
viajar en el tiempo
quedo varado en tu prehistoria
juguete perdido de mi corazón
esperaría una era geológica
con tal de encontrarte
una palabra que al decirla
te convenza
mi mantra, mi cábala preferida
Dafne, vos que sos planeta
qué nos fascina de esa nube
con tanto cielo que hay para volar
corona de espinas, laureles y rosas
no tiene palabras la adicción por tu nombre
el placer de nombrar en vano
el nombre que más cantan las canciones
el nombre más citado en los libros
el nombre que prefieren los hombres
el único nombre que hace olvidar
el único nombre
de Dios
que nadie conoce

ENTRE TÚ Y YO

Sara Carmona Lledó (España, 1983)

¡Odumodneurtse!
CÉSAR VALLEJO

Aquel oscuro objeto del deseo,
dos cuerpos, casi noche.
Fuera los perros ladran y yo boca
a la buena deriva de tu ombligo
descendiendo hacia el sur
donde habito tu nombre con la lengua.
Las selvas, los galopes,
lo que dura el remanso y es de río,
hace que olvide el mundo de los tristes
tejados en barbecho,
y soy pradera, yegua, mar de espumas,
ola que a tiempo nunca y siempre playa,
y animal que transita
por un camino rudo y transversal
atávico de tierras removidas
que cuanto más se hunde, más raíz,
pero también más pájaros volando.
Piel descalza, albahaca, fruta fresca,
alguna luna llena ya sin dios,
la historia primitiva se repite
en un motel de tactos y vaivenes.
Plena higuera que brota contemplada,

estaca tú, simiente, musgo vivo,
silo azulado yo, silo azulado,
pronóstico de lluvia a manantiales,
podrías decir surco, bebo agua.

UNA A UNO

Elena Preciado Gutiérrez (México, 1983)

> Entre columnas, ánforas y flores
> y cúpulas de vivas catedrales,
> gemí en tu casta desnudez rituales
> artísticos de eróticos fervores.
>
> JULIO HERRERA Y REISSIG

Alcanzo a imaginar las manos que tocan las teclas del piano
Tus manos tocan mi piel con la misma suavidad
Con ese lento y doloroso ritmo
La música entra por las células del oído
Tu tacto entra por los poros de mi dermis
Una a una
la secuencia del tiempo que no podemos regresar
Uno a uno
los sonidos de la partitura
Una a una
se presionan las teclas que dibujan música
Uno a uno
hundes tus dedos en mí para vibrar
se leen las notas en el papel
Una a una
se tocan los prismas de madera blanca
te atrapan mis sonrisas
Uno a uno
bajan tus besos más allá de mi cintura

Una a una
se producen las contracciones
Uno a uno
aparecen los espasmos
Piano, sexo, magia, música,
elemental y antiguo
lento y doloroso.

REMINISCENCIA

Esilda Anayansi (México, 1987)

Las garras que se expanden hondamente
con puntas afiladas de bordes amorosos
extreman de tus manos.

Sobre mi garganta te aferras lastimero
atento al nudo de mis labios sangrantes
cuando escurren del arroyo de mi vida
las palabras como gotas de tu muerte.

Enganchados a mis ojos tus largos dedos
abrazan, aprietan y se adentran tiernamente
a los recuerdos de nuestras miradas extintas.

Aturdido ante las promesas caducadas que arrincono
tus manos se vuelven anzuelo atravesando mi vientre
con el deseo de atrapar las vivencias prescritas
de aquellos sueños eternos de nuestro instante.

Mi cuerpo roído por tu curiosidad despedazas inquieto
mientras ignoras la tinta de mi sangre describiéndonos
como un trozo de algo intangible, incorpóreo, uno solo.

MANZANAR

Zaira Pacheco (Puerto Rico, 1987)

> Baja a este templo santo,
> donde hay un bosque ameno de manzanos
> Safo

Te invito al espejo.
Llamo tu nombre
con almíbar en mi boca.
En tu torso creo encontrar
la geometría de las Pléyades.
Vuelvo al principio
de la caricia.
A su forma invisible.
Entre sus sombras
tiene los ojos muy abiertos.
Nos mira sin poderla predecir.
La sonoridad de pronunciarla
en un silencio a medias
despierta.
Al bosque descendemos
con ella entre las manos.

SHIITAKE

Lucía Cornejo (México, 1990)

Estoy con el hombre que amo y él come tranquilo.
No sabe que la piel del shiitake en mis papilas
te trajo de vuelta, a ti
y al sol que subía hasta tu nuca,
esa parte que nunca habría conocido
a detalle, de no ser por ese lunes.
Me pediste cocinar juntos
saborear un continente distante
como si quisieras que un día
volviera a tu cocina como ahora,
al moho que delineaba sus mosaicos,
esas cosas que no se dicen en voz alta
como volver a un lugar
al dar un sorbo. Escucho
el crujido de la bolsa,
la sumisión de los fideos.
El hombre que yo amo, ahora,
no sabe que pusiste a reposar
los hongos en agua, no sabe
que al probar el caldo conocí
su sabor a madera y algas marinas,
no sabe de mi rechazo al cuenco de fideos lacios
y sombreros de nadie a la deriva. Ese lunes se quedó
en un edificio a miles de kilómetros de mi casa,

no como el hombre que yo amo
y me pregunta: cuándo fue la primera vez que los probaste.
Yo respondo: el shiitake viene de China,
algunos se cultivan aquí, otros viajan,
colócalos en agua muy caliente
déjalos reposar al menos una hora.
No quiero que él sepa
que tú fuiste como esa seta misteriosa,
lo suficiente en ese entonces
para recorrer una región llena de bruma,
las aguas de otro Pacífico de un sorbo
un regusto que sólo pude soportar
con los ojos cerrados.

BANIANO

Clemente Guerrero (México, 1990)

Hace tiempo que no voy a ningún lado.
Permanezco inmóvil.
La ventana sigue siendo
la vista de un segundo piso,
un marco al que intento aferrarme cuando el mundo ladea.
Abajo, los vecinos van y vienen.
Han cambiado de color nuestras cortinas
y la pintura de la mesa se levanta.
Amo a alguien,
hace poco, apenas, pude notarlo
cuando limpiaba las hojas de este ficus.
Lo tengo aquí, frente a mis manos
y observo lo que puede dormir sobre tierra y extenderse,
como si las raíces necesitaran de la oscuridad para salir.
Leí sobre el baniano ese ficus de raíz aérea,
frutos rojos, asfixiante:
Desde la grieta
acaba por estrangular al árbol donde crece
¿Así el amor? Me preocupa
acostumbrarme a la quietud.
Amo a alguien, pero dudo del *juntos para siempre*.
Pongos mis manos aquí,
trasplanto este ficus de maceta
y dejo que mis dedos fructifiquen sin saber
si soy el huésped o el baniano.

SILO NOCTURNO

Gustavo Alfaro (México, 1992)

yo sin saberlo
    sin creer
        deambulé en ti
    y me buscabas
        sin haber distancia
la propiedad desapareció
compartimos
    cada espacio
        aun ocupando
    cada cual
        el propio latido
tus ojos vaciaban
    la vida entonces
me llevaban
    en una cálida vorágine
nacieron firmezas
el momento
    se bastó solo
        y fuimos más
    cuanto más
        fuimos uno

***

tú otra vez
    y es algo nuevo
        besar la sombra
    que te cae
        en secreto
son otros
    tus muslos
        su blancura
    me desconoce
        y se me presentan
tu sexo sonríe
    ante mi señal
        imperiosa
a mi gravedad transmite
        su gozo pagano
en horizontal
    constante vamos
        a un parpadeo
    volátil
        y caemos
nuestra piel
    ya es una
        y respira
    por todos
        por los otros
con el sino
    a cuestas
        somos reposo
y estos besos
    son palabra
        de algún dios

DESPERTAR

Orlando Mondragón (México, 1993)

Despertar
casi con alegría,
casi con ganas
de seguirle el juego
a la mañana.
Las ventanas aún
con los ojos cerrados,
el sol persiguiendo las sombras
que mordieron hasta romper
las correas de la noche.
El ruido de fondo, las calles
llenándose de gomas de zapatos,
ruedas, metales, vapores y prisas.
Y los pájaros presentes.
Y el despertador dormido.
Qué delicia
ganarle al sueño.
Abrir los ojos y mirar
sus omóplatos, el naciente
cabello de su nuca.
Sentir el olor a noche
de su almohada,
a sueños que se rompen
de un pinchazo.

Y la dicha de estar ahí,
con su peso en el colchón,
su respiración tosca,
de estar casi despierto
y de ser joven,
y ver la muerte tan pequeña
de tan lejos.
La luz bajando con pies de gato
por las cortinas.
Y pensar que puede ser así
siempre
Que sólo hay que decidirlo.
Y sentir ganas
de él, de una última vez,
todavía desearlo,
amarlo incluso en su decisión
de dejarme.

UN MUCHACHO ME EXPLICA CÓMO
MANDUCAR GUAYAS
Nicté Toxqui (México, 1994)

Yo lo dejo hablar porque el sur brilla
en nuestro vocabulario
y nunca será tarde para volver a casa
si nombramos
lo que nos hace agua la boca.

Olvido cómo se llama
por prestarle atención a la cáscara
verde y delgada que se riega
por la comisura de sus labios.

Él no pregunta cómo me llamo.

La guaya es una fruta a la que quisiera
pedirle prestado un nombre.

Guarda la cáscara y la siembras, dice,
a ver si entendiste cómo
pelar la guaya
hasta sacarle jugo.

Y me da tres frutitas.

No recuerda que llevarse los objetos a la boca
es una forma de reconocer el mundo.
No encuentro el silencio para decirle
que yo desde niña reconozco
el sabor vinoso y agridulce
de la guaya
y otras cosas.

Saco dos semillas de mi boca.

Las observo en mi mano
Y observo al muchacho.

Imagino un árbol de guaya
alzándose en el centro de la casa,
quebrando el piso.

Me pregunto si tendré la suficiente buena mano
para hacer que todo crezca en medio
de la nostalgia,
si la cuchilla para recolectar los frutos
no será usada para tajar el árbol
con el pretexto de una plaga.

Él no sabe que yo sé
que el árbol de guaya es hospedero
de la mosca negra de los cítricos.

Me pregunto si a todo lo que se puede llevar a la boca
le corresponde un precio.

Estoy cansada de masticar
mis propias palabras:

La carencia es tan peligrosa
como la saliva de la mosca negra,
que anestesia y muerde
en los días más calurosos.

Engullo la última fruta.

Prefiero al árbol de guaya
dentro de mí.

LOS JARDINES COLGANTES

Fabián Espejel (México, 1995)

a Melissa

quién si no tú podría construir en esta piel desfigurada de
cansancio un acueducto y abrir un caminito una pequeña
vena en la circulación del río para ver almendros robles dati-
leras refrescando nuestras sombras

quién levantaría una fila de arcos para plantar tus ojos y que
cuelguen como dos higos en la rama más alta de mi pecho
donde el calor es exacto el agua buena y el aire suficiente

sembraría en cada poro tamariscos creciendo como besos pe-
queñas heridas que nos abre la sed y la sal que está en el aire
del desierto

y crecería en la boca tuya y mía en el estómago y los muslos
que arrastran nuestros pies buscando astillas pétalos fosiliza-
dos porque alguien dijo que existía pasando el río

y era real quién podría poner en duda que estaba kilómetros
al sur de nínive franqueando las dunas y la sal que se pega
alrededor de los párpados como legañas que la luz nos entie-
rra cada día

quién podría aun sabiendo que es leyenda o espejismo dime quién podría andar estos desiertos de hienas y escorpiones estos aires sin membrillos sin buscar ese lugar que irriga nuestros hombros partidos bajo el sol

quién si no tú pondría palma sobre palma para alzar este lugar imposible que nos aguarda allá en las fauces de la arena

MAÑANA ES DEMASIADO

Rafael Romo Ramírez (México, 1997)

Mañana es demasiado,
en vano juraría quedarme,
mas sigo cautivo de Venus,
pintada de verde en sincronía,
portal de tu alma y de tu vida,
cargas la suerte para nuestra cita.

Te puedo jurar ser tuyo
olvidando el manto de estrellas,
hasta que el sol nos sorprenda
porque su luz quema pasiones,
exime el beso tierno de mediodía,
carga culpas sin conclusión,
vestidos de adorno, sábanas torcidas,
extraños brazos cercanos,
pero aún es mucha amenaza.

Que la ciudad sea espectadora
de los rastros que vamos dejando
debajo de cada farola.
Una foto en el tiempo,
una emoción estampada,
tan eterna y tan corta
como mi nombre dicho por tu boca
en el eco del tiempo.

CARTA A LA MUJER DE VIOLETAS Y ROSAS

Daniela Hernández (México, 2002)

Quisiera decirte que aquella noche que pasamos juntas
    aún vive conmigo…
Aquella canción de luces y sombras aún se refleja
    en tu sereno rostro
y tu aroma dulce y embriagador aún reposa en mi corazón.

Quisiera decirte que anhelo sentirte a mi lado de nuevo,
y hacer aquello que mi cobarde espíritu no se atrevió a cumplir.
Quisiera sostenerte entre mis brazos,
y escuchar tu agitado corazón latiendo en nombre de las dos.

Quisiera besarte mujer hermosa.
Mujer de flores en el viento.
Mujer de risas y de sueños.
Quisiera,

mas sé que tal como pasó esa noche,
la historia fantasma que compartimos se quedará
    entre las sábanas.

Sé que no fuimos, y que no seremos,
y aun así, seguiré buscando tus mensajes en las sombras
    del agua y el suelo,
buscaré algún indicio, querida, por si acaso algún día,
encuentras el sol cuando me miras.

BIBLIOGRAFÍA

Agustini, Delmira, *Poesías completas*, Losada, Argentina, 2008.

Aldana, Francisco de, *Poesías castellanas completas* (edición de José Lara Garrido), Cátedra/ REI, México, 1990.

Aleixandre, Vicente, *Poesía completa*, Debolsillo, España, 2020.

Armenta Malpica, Luis, *Enola Gay*, Vaso Roto, España, 2019.

Baranda, María, *Moradas imposibles*, Ediciones sin nombre/Juan Pablos Editor, México, 1997.

Barba-Jacob, Porfirio, *Rosas negras* (edición de Luis Antonio de Villena), Editorial Renacimiento, España, 2013.

Bécquer, Gustavo Adolfo, *Rimas y leyendas*, Ediciones 29, España, 1989.

Bello, Andrés, *Poesías escogidas*, Ediciones Ateneo, México, 1970.

Bracho, Coral, *Poesía reunida: 1977-2018*, Era/ Universidad Autónoma de Sinaloa, México, 2019.

Bravo Varela, Hernán, *Hasta aquí*, Almadía, 2014.

Campoamor, Ramón de, *Poesías escogidas*, Ediciones Ateneo, México, 1969.

Campos, Marco Antonio, *Poesía reunida (1970-1996)*, El Tucán de Virginia, 1997.

Castañón, Adolfo, *Local del mundo. Civismo de Babel*, Universidad Veracruzana, México, 2018.

Castellanos, Gilberto, *Como podar la luz: 1982-2007*, Gobierno del Estado de Puebla, México, 2008.

Castillero, Silvia Eugenia, *Eloísa*, Editorial Comba, España, 2010.

César Arístides, *El cisne en la sombra: antología de poesía modernista*, Alfaguara, México, 2002.

Cross, Elsa, *Poesía completa*, FCE, 2012.

Darío, Rubén, *Obras completas*, Aguilar, España, 2003.

Davison, Marcos, *Poesía reunida* (1995-2015), Bonilla Artiga Editores, México, 2016.

Deltoro, Antonio, *Poesía reunida*, UNAM, México, 1999.

Espinás, José María (edición), *Antología de la poesía amorosa española: de los primitivos a los románticos*, Editorial Fama, España, 1953.

Fernández de Moratín, Leandro, *Poesías*, Editorial Fama, España, 1958.

Flores, Miguel Ángel, *Contrasuberna*, Joaquín Mortiz, México, 1981.

García Bergua, Alicia, *El libro de Carlos*, Juan Malasuerte, México, 2011.

García Lorca, Federico, *Sonetos del amor oscuro/ Poemas de amor y erotismo/ Inéditos de madurez*, Ediciones Áltera, España, 1995.

Góngora, Luis de, *Poesía* (edición de Ana Suárez Miramón) Penguin clásicos, México, 2015.

Gutiérrez Najera, Manuel, *Poesías*, El libro español, México s/f.

Heredia, José María, *Poesías completas*, Porrúa, México, 1974.

Hernández, Francisco, *Antojo de trampa: segunda antología personal*, FCE, México, 1999.

Hernández, Francisco y César Arístides (edición), *Más crueles son tus ojos: antología poética del Romanticismo hispanoamericano*, Alfaguara, México, 2003.

Hernández, Miguel, *Obra poética completa* (edición de Leopoldo de Ruiz y Jorge Urrutia), Zero, España, 1979.

Herrera y Reissig, Julio, *Poesías*, Porrúa, México, 1988.

Huerta, David, *After Auden*, Parentalia ediciones, México, 2018.

Huerta, Efraín, *Poesía: 1935-1968*, Joaquín Mortiz/ SEP, México, 1986.

Hurtado, Eduardo, *Miscelánea*, Trilce Ediciones, México, 2021.

Hurtado de Mendoza, Diego, *Poesía completa* (edición de José Ignacio Díez Fernández), Planeta, España, 1989.

Jesús, Santa Teresa de, *Poesías completas*, Ediciones Ateneo, México, 1969.

Lizalde, Eduardo, *Nueva memoria del tigre (Poesía 1949-1991)*, FCE, México, 1993.

Machado, Antonio, *Poesías completas*, Espasa Calpe, México, 1994.

Martínez Negrete, Francisco, *Como el infier/no el amor*, Apalba, México, 2003.

Mateo, José Manuel, *Cierta voz*, Hotel Ambosmundos, México, 2001.

Montes de Oca, Francisco (edición), *Ocho siglos de poesía en lengua castellana*, Porrúa, México, 1961.

Navarrete, Fray Manuel de, *Poesías profanas*, UNAM, México, 1990.

Nervo, Amado, *Plenitud/ La amada inmóvil*, Ediciones Ateneo, México, 1976.

Núñez de Arce, Gaspar, *Poesías completas*, Porrúa, México, 1982.

Pérez, Luis Marcelo, *Ciudad oculta*, Gravitaciones, España, 2016.

Pizarnik, Alejandra, *Poesía completa*, Debolsillo, México, 2018.

Plaza, Antonio, *Álbum del corazón*, Editores Mexicanos Unidos, México, 2002.

Preciado Gutiérrez Elena, *Ventanas*, Piedra de Sol, México, 2022.

Rico, Francisco (edición), *Mil años de poesía española: antología comentada*, Planeta, España, 1996.

Rivas, José Luis, *Raz de marea*, FCE, México, 1993.

Rivera, María, *Traslación de dominio*, Conaculta/Tierra Adentro, México, 2000.

Robledo, Juan Felipe y Catalina González Restrepo (edición), *Cien poemas colombianos*, Luna Libros, Colombia, 2011.

Ruiz Casanova, José Francisco (edición), *Antología Cátedra de Poesía de las Letras hispánicas*, Cátedra, España, 1998.

Salinas, Pedro, *Poesías completas*, Debolsillo, España, 2018.

Samaniego, Félix María, *Jardín de Venus*, Ediciones Coyoacán, México, 2002.

Santillana, Marqués de [*Poesías*], Ediciones Oasis, México, 1967.

Segovia, Francisco, *Bosque*, FCE, México, 2002.

Sinta, Mardonio, *¿Quién me quita lo cantado?*, UNAM, 2007.

Trujillo, Julio, *El acelerador de partículas*, Almadía, 2017.

Unamuno, Miguel de, *Antología poética*, Porrúa, México, 1987.

Vega, Garcilaso, *Poesía* (edición de José Rico Verdú), Penguin clásicos, México, 2015.

Villamediana [Conde de, Juan de Tassis], *Obras*, Castalia, España, 2001.

Villarreal, José Javier, *Mar del norte*, Joaquín Mortiz/INBA, México, 1988.

Villarreal, Minerva Margarita, *Herida luminosa*, Conaculta, México, 2009.

ÍNDICE

Sólo un beso, de César Arístides
se terminó de imprimir en enero de 2023
en los talleres de Impresora y Editora Infagon, S.A. de C.V,
en Escobillería número 3, Colonia Paseos de Churubusco,
Ciudad de México C.P. 09030